Dora Kunz: IM REICH DER NATURGEISTER

Dora Kunz

Im Reich der Naturgeister

Aquamarin Verlag

3. Auflage

Voglherd 1 • D-85567 Grafing
Deutsche Übersetzung von Susanne Harrington und Gaby Trox
Umschlaggestaltung: Annette Wagner
Titelbild: Petra Arndt
Druck: Ebner • Ulm

ISBN 3-89427-189-2

Inhalt

Vorwort

Auf die Frage, ob ich an Naturgeister glaube, kann ich nur antworten, dass ich Dora Kunz glaube, was einer Bestätigung oben genannter Frage gleichzusetzen ist. Obwohl sie eine Frau ist, denkt man auch gleichzeitig an Ariel oder Puck. Wenn ich ihren Erzählungen lausche, verliere ich jeglichen Maßstab für die dreidimensionale Welt, jegliche verstandesmäßige Intelligenz scheint von mir abzufallen. Dies ist gut so, denn diese unzulänglichen Fähigkeiten würden mir in jener Wunderwelt, welche sich mir durch ihre Hellsichtigkeit eröffnet, nichts nützen.

Ich kann nicht umhin, zu glauben, dass es sich bei ihren Erzählungen über das Elfenreich um mehr als um Märchen handelt. Man gewinnt vielmehr Einblicke in Bereiche eines Lebens, das dem unseren fremd ist, da es sich unserer Wahrnehmung entzieht. Letztendlich ist diese Welt jedoch nicht fremdartiger als die erstaunliche und eigenartige Welt der Insekten, welche wir nicht in Frage stellen, da sie sichtbar ist, die deswegen aber nicht wirklicher ist als das Elfenreich.

Die Grenze zwischen der transzendenten und fassbaren Welt ist weit weniger klar und eindeutig als man annehmen möchte. Die Schwelle, welche die sichtbare von der unsichtbaren Welt trennt, rührt von der Tatsache her, dass nur gewisse Schwingungen auf unseren Sinnesmechanismus derart einzuwirken vermögen, dass sie einen Sinnesreiz des Tastens, Sehens, Hörens usw. hervorrufen. Aus diesem Grund bezeichnen wir die greifbare, die sichtbare und hörbare Welt als Wirklichkeit. Selbst der materialistische Wissenschaftler wird aber zugeben müssen, dass nicht allein das Sichtbare Gültigkeit besitzt, denn es wäre absurd, jene Realität von Schwingungen zu leugnen, die sich dem Wahrnehmungsvermögen unserer Sinne entzieht. Man gelangt zu der unvermeidlichen Schlussfolgerung, die so genannte Welt der Transzendenz als ebenso wirklich wie unsere physische Welt anzuerkennen. Es lässt sich deshalb nicht leugnen, dass das Elfenreich weniger wahrnehmbar ist als die begreifbare Welt.

Wir sollten nicht vergessen, dass die Bereiche der sinnlichen Wahrnehmung Beschränkungen und Erweiterungen unterworfen sind, die sich in erster Linie auf die großen Unterschiede hinsichtlich der Sensitivität eines Individuums zurückführen lassen und zweitens mit mechanischen Hilfsmitteln wie dem Mikrophon, dem Teleskop und Mikroskop in Verbindung gebracht werden dürfen. Das Ohr eines Musikers vermag Obertöne zu unterscheiden, die für den weniger Geübten nicht vernehmbar sind; das Auge des Malers erschaut Farbschattierungen in einer sonnendurchschienenen Gardine, wo ein anderer Mensch nur eine weiße Fläche bemerken würde; der Geruchssinn des Hundes eröffnet ihm eine Welt, die seinem Herrn verschlossen bleibt; das Auge der Eule durchdringt die Dunkelheit, das des Geiers den Nebel, während Dora Kunz durch ihre Fähigkeit sämtliche Grenzen der Wahrnehmung überschreitet.

Diese *Realität* stellt lediglich einen Teil einer weit größeren und unerforschten Welt dar und wird durch die schwache Kraft unseres Wahrnehmungsvermögens erhellt. Man könnte die Schwelle zwischen sichtbarer und unsichtbarer Welt mit dem äußersten Rand einer Kerzenflamme vergleichen, die an Größe zunimmt. Im Laufe des Evolutionsprozesses hat sich die Grenze zwischen den unsichtbaren und wahrnehmbaren Bereichen beständig verschoben, da die Anzahl unserer Sinne und ihre Funktionsfähigkeit zunahmen. Unsere Wahrnehmungsfähigkeit hat außerdem durch verschiedene Erfindungen eine Erweiterung erfahren. Dies alles stellt sowohl die Ursache als auch die Wirkung einer Bewusstseinserweiterung dar.

Jegliche Evolution lässt sich letztendlich auf Bewusstseinserweiterung zurückführen, auf ständig zunehmendes Wissen, wobei in erster Linie der Mensch die Rolle des „Wissenden" spielt. Der Wunsch nach Wissen bedingt die Entstehung der erforderlichen Sinnesorgane.

Auf dem Gebiet der Naturwissenschaften ist gegenwärtig eine erstaunliche Wandlung zu beobachten: man beschäftigt sich intensiv mit Phänomenen. Die Astrophysik und die Chemie befassen sich mit den für unsere Sinne noch nicht wahrnehmbaren Dingen, die jedoch nicht weniger Realität sind als unsere greifbare Welt. Die Materie hat ihre ursprüngliche Bedeutung verloren, Raum und Zeit verfließen in mathematischer Abstraktion. Jegliche scheinbar letzte Erkenntnis wird von einer jeweils weniger Greifbareren umschlossen, bis wir, gemäß Heisenbergs „Satz von der Unschärferelation", an die Grenzen der metrischen Welt stoßen. Diese These besagt, dass in atomaren Systemen so genannte kanonisch konjugierte Größen (z.B. Ort und Impuls eines Teilchens) niemals gleichzeitig exakt messbar sind, was den alten Stolz der Physiker zerbrach, bei vollständiger Kenntnis des Zustandes eines gegebenen Systems dessen zukünftigen Status voraussagen zu können.

So wandelt sich das Verständnis der Wissenschaft mit fortschreitender Entwicklung, einer Wissenschaft, deren Wissen sich bislang auf genauer Beobachtung der greifbaren Welt und entsprechendem Denken gründete.

In der heutigen Zeit, in der eine Hypothese schnell durch eine andere ersetzt wird, was Eddington zu der Erklärung veranlasste, dass selbst im Verlauf seiner Vorlesung seine Thesen durch andere verdrängt zu werden vermögen, scheint sich Ouspenskys Prophezeiung zu erfüllen, die Wissenschaft müsse sich mit der Mystik beschäftigen. Natürlich hat sich auf dem Gebiet der Wissenschaft einiges geändert, und es erfolgte eine Annäherung an mystische Dinge hinsichtlich existentieller Lebensgeheimnisse. Dies vollzog sich durch direktes Erfassen. Falls man es vorzieht, mag man es auch als emotionale Annäherung bezeichnen. Eddington selbst trug hierzu durch seine Erklärung bei, gewisse Zustände der Wahrnehmung dürften mit denen gleichgesetzt werden, welche man Empfindungen nennt, und in ihnen sei die Basis zu finden, aus der ein spiritueller Glauben erwachsen könne. Es sei hinzugefügt, dass hierzu auch der Glaube an die Naturgeister gehört.

Ich habe deswegen alles so ausführlich erläutert, damit beim Leser nicht eine Verunsicherung entsteht, da dieses Buch eingestandenermaßen das Ergebnis „direkter Wahrnehmung“ ist. Mir lag daran aufzuzeigen, dass es nicht anti-wissenschaftlich ist, nur weil es nicht mit den akzeptierten und beglaubigten Methoden der Wissenschaft vereinbar ist und es aus diesem Grund auch nicht bezweifelt oder übergangen werden sollte. Trotz des Unorthodoxen darf diese Art der Wahrnehmung nicht geleugnet werden. Wie Dora Kunz richtig bemerkt, gibt es viele Menschen, die nicht an das Elfenreich glauben, und viele andere, die gerne daran glauben würden, denen es aber aufgrund der irrigen Vorstellungen seitens der Wissenschaft schwer fällt. Es ist sehr bedauerlich für sie, dass sie sich an der Schwelle zu dieser Wunderwelt durch das Verbot „Kein Durchgang, Zuwiderhandelnde werden bestraft“ zurückweisen lassen, welches die Wissenschaft auf der Basis irrtümlicher Behauptungen geschaffen hat.

Eddington vermag für alle diese Phänomene kein besseres Wort als „Schöpfung des Geistes“ zu finden, denn sie sind allein mit dem Geist erfassbar und eins mit ihm. Der Geist beinhaltet Bewusstsein und das Bewusstsein ist, soweit uns die Erfahrung lehrt, ein Attribut des Menschen oder eines Lebewesens – es ist der Zustand des Seins auf allen Ebenen. Deswegen darf jener große Sektor des Lebens, aus dem sich die Wissenschaft nur einen kleinen Teil reserviert – jenen Teil, der mathematisch berechenbar ist – als lebendige Welt betrachtet werden, in der es Throne, Herrschaften, Fürstentümer, Mächte, Cherubim und Seraphim – und auch Elfen – gibt, und die Wissenschaft besitzt kein Recht, solches zu leugnen.

In diesem Buch bestätigt Dora Kunz, dass Liebe, Energie und Intelligenz allen Geschehnissen und Vorgängen in der Natur zugrunde liegen, von denen die Wissenschaft uns glauben machen will, es handele sich allein um mechanistische Vorgänge. Sie macht uns mit einer geordneten Hierarchie von Wesenheiten vertraut, welche als Lenker dieser Vorgänge zu sehen sind. Aus parapsychologischer Sicht würde man ein solches Weltbild wohl als animistisch bezeichnen, was durchaus nichts Neues darstellt. Dieses Weltbild beruht auf einer solideren Basis als jegliche mechanistische Theorie, welche zwangsläufig dualistisch sein muss und die Prinzipien einer unumgänglichen Einheit verletzt. Es gibt keine Werte, anhand deren wir Bewegung als fundamentales Weltprinzip hinnehmen müssen; und falls wir hinter der Weltschöpfung keinen unbewussten Mechanismus vermuten, dann wird es erforderlich, die Welt als etwas Lebendiges zu betrachten. Eine der beiden Möglichkeiten entspricht der Wahrheit: entweder ist sie mechanistisch und tot oder sie lebt, ist lebendig. Es gibt nichts Totes in einer lebendigen Natur und nichts Lebendiges in einer toten Natur, wenn damit das fehlende Bewusstsein angesprochen werden soll. Monistischer Materialismus bedeutet einen Widerspruch in sich. Materialismus ist immer dualistisch.

Dora Kunz wuchs im fernen Osten auf, dort, wo die sichtbare und die unsichtbare Welt ineinander übergehen, sich auf fremdartige Weise durchdringen und unserem westlichen Denken schwer verständlich sind. Ihre Eltern besaßen die gleiche Gabe der Hellsichtigkeit, die ihr zu eigen war, und in ihrer Mädchenzeit befand sie sich unter dem Einfluss von C. W. Leadbeater, dem berühmten Theosophen.

Die Wunderwelt, die sie hier schildert, erschien ihr deswegen in keiner Weise außergewöhnlich, da sie auch den Menschen zugänglich war, die ihr am vertrautesten waren und die sie am liebsten hatte. Sie unterlag lange Zeit dem Glauben, dass ihre „Hellsichtigkeit" eine Fähigkeit war, die jeder besaß.

Die Märchen aller Nationen beinhalten Geschichten über Luft- und Wassergeister, welche durch die Liebe eines sterblichen Wesens dazu verleitet wurden, menschliche Gestalt anzunehmen und sich damit der Erfahrung des Menschseins zu unterziehen, während sie den Kontakt zu ihrer eigenen Welt und deren Bewohnern aufrechterhalten. In der theosophischen Philosophie existiert der Gedanke, dass ein Mitglied der Deva-Evolution manchmal, um einer besonderen Erfahrung oder Entwicklung willen, den Weg der menschlichen Inkarnation beschreitet.

Ein solcher Gedanke mag dem konventionellen Denker albern vorkommen, doch er stellt meiner Meinung nach die einzige Erklärung für die Aussagen von Dora Kunz dar.

Ich bin nicht in der Lage, mir Dora auf dem langsamen, schmerzhaften und verzweifelten Evolutionsweg vom Tier zum Menschen vorzustellen, der ja ganz der Entwicklung der Menschlichkeit dient, so dass selbst das Tier, wenn auch auf niederem Niveau, menschliche Motive erkennen lässt.

Es fehlt ihr keinesfalls an menschlicher Zuneigung und menschlichem Verstehen. Diese sind vorhanden und man ahnt, dass sie in dieser Welt Mensch wurde, um beides zu erwerben. Ich halte es an dieser Stelle für überflüssig, ihre Einstellung und Meinung zu erläutern, da diese in ihrem Werk gut zum Ausdruck kommen. Ihr Buch wird durch ein Licht solcher Stärke erhellt, das durch seine Intensität fast blendet.

Es drückt Freude aus, irritiert fast schon durch seine Fröhlichkeit und lässt einen Glauben an den Großen Wohltäter erkennen, der den des Gläubigsten übertrifft. All diese Dinge sind in einer geordneten Erzählung über das Elfenreich fühlbar. Das gesamte Buch vermittelt trotz der mitunter mangelhaften Ausdrucksweise der Autorin die Elfenschönheit in einer Vielfalt und Fremdartigkeit, und es offenbart das Bemühen der Autorin um Zurückhaltung. Ich vermag nicht zu erkennen, warum sich selbst der misstrauischste Leser dem Eindruck dieser göttlichen Wesenheit entziehen sollte. Es handelt sich um ein Buch voller „Herzenswissen“, denn es erzählt von Dingen, die das Herz gezwungenermaßen annehmen muss; von der Einheit des Lebens, der Vorherrschaft der Liebe und der Richtigkeit der Dinge, die wir aus unserer Sicht manchmal mit dem Übel gleichsetzen.

Ich muss diesem Buch höchstes Lob aussprechen, indem ich behaupte, es ist ein Buch voller Kindlichkeit.

Werden Sie daher zu Kindern, während Sie es lesen.

C. B.

Kapitel 1

Das Elfenreich

Viele Menschen sind gewillt und sehnen sich sogar danach, an die Existenz von Elfen zu glauben. Diese kleinen Wesen sind so eng mit glücklichen Erinnerungen an die Kindheit verknüpft, dass man sich ihrer mit Freude an eine weniger materialistische Welt zurückerinnert. Doch für die meisten von uns bedeuten sie ein verlorenes Paradies: glücklicherweise nicht für alle. Ich vermochte Naturgeister wahrzunehmen, solange ich mich zurückerinnern kann, und ich sehe sie weiterhin jeden Tag; vielen anderen ergeht es hier ebenso wie mir. Wenn ich von Sehen spreche, meine ich damit, dass sie mich umgeben wie Bäume, und ich sie genauso objektiv wie diese wahrnehme.

Ich will versuchen, Ihnen auf den folgenden Seiten die Realität dieser wunderbaren Wesen aufzuzeigen. Es dürfte zunächst das Beste sein zu erläutern, warum ich in diesem Zusammenhang über einige günstige Voraussetzungen verfüge. Da ich im fernen Osten geboren wurde, entmutigte mich hinsichtlich meiner Beobachtungen des Elfenreiches niemand, denn es gibt dort viele hellsichtige Menschen – und noch viel mehr, die an Elfen glauben. Aus diesen und anderen Gründen ist mir die für Kinder nicht ungewöhnliche Gabe des Hellsehens erhalten geblieben. Außerdem wurde mir das Glück zuteil, in eine Familie hineingeboren zu werden und Freunde zu haben, welche ebenfalls über diese Fähigkeit verfügten. Durch das Reisen hat diese Zahl der Freunde noch zugenommen. So entspringt alles, was ich in diesem Buch niedergeschrieben habe, nicht der Phantasie eines isolierten Kindes. Es handelt sich um Informationen, die ich durch die vielen Kontakte und Gespräche mit Naturgeistern auf der ganzen Welt erhielt, die unter ganz natürlichen, wenn auch ungewöhnlichen Umständen zustande kamen.

Man kann mit diesen Wesen fast genau in der Weise kommunizieren, wie wir Menschen es auch tun – fast genauso. Die Methode (welche ich kurz beschreiben möchte) unterscheidet sich leicht von unserer Art der Kommunikation, sie erfolgt schneller als die Sprache und stellt gewissermaßen einen unmittelbaren Gedankenaustausch dar.

Es ist wichtig, diese Dinge zu erwähnen. Wenn wir die Welt mit den Augen der Elfen betrachten, eröffnet sich der Ausblick in ein neues Universum. Viele Dinge, denen wir Bedeutung beimessen, erscheinen ihnen bedeutungslos. Leben und Tod zum Beispiel sind für sie normale Gegebenheiten und haben nichts mit Ungewissheit und Tragödie zu tun. Der Mensch weicht dem Leben aus und fürchtet sich vor dem Tod. Elfen benutzen jedoch die Lebensenergie in allen Dingen. Wir leben in einer Welt der Materie, ohne die Lebenskraft hinter der Materie zu erfassen. Wir setzen den Verlust der Form mit dem Ende des Lebens gleich, aber Elfen empfinden ganz anders. Sie vermögen uns eine eindringliche und einprägsame Lektion zu erteilen.

Warum sind die meisten Menschen nicht imstande, Elfen wahrzunehmen? Die Elfen leben in der gleichen Welt wie wir, doch ihre Körper sind weniger dicht als die unsrigen und feiner als die feinste Substanz. Ich bin überzeugt, der Schleier zwischen uns und ihnen ist außerordentlich fein, so fein, dass fast jeder ihn mit ein wenig Mühe durchdringen könnte. Die Schwierigkeit besteht darin, den Weg hierzu aufzuzeigen und liegt vor allem darin, ihn anderen begreiflich zu machen. Der wichtigste Grund, warum sie sich der allgemeinen Wahrnehmung entziehen, beruht wohl auf den unterschiedlichen Ansichten. Wenn meine Aufzeichnungen dazu beizutragen vermögen, die eigene Meinung zugunsten des

Elfenreiches zu verändern, wird diese Änderung mehr und mehr Menschen befähigen, Elfen wahrzunehmen.

Dies ist natürlich nicht alles. Ein besonderer Sinn muss sich entwickeln, wenn die Menschen Elfen sehen möchten. Die Welt, in der sie leben, ist für unser gewöhnliches Wahrnehmungsvermögen nicht zugänglich. Man kann sie weder berühren noch fühlen, doch auf jeden Fall sehen. Tatsächlich stellt das normale Sehvermögen eine Hilfe dar, ist jedoch zu wenig entwickelt, um sie wahrzunehmen und das Licht zu sehen, das sie ausstrahlen. Allerdings besitzt jeder von uns die latente Anlage des feineren Sehens, und es ist bereits einer Anzahl von Menschen gelungen – einer erstaunlichen Anzahl von Menschen – sie zur Entfaltung zu bringen. Die höher entwickelte Wahrnehmung ermöglicht es, die Eigenarten des Elfenreiches zu beobachten. Jeder von uns besitzt ein ausgeprägtes Wahrnehmungsvermögen. Wir berühren feste Formen, der Geschmackssinn gibt Auskunft über Flüssigkeiten und der Geruchssinn lässt uns Düfte und Gerüche bemerken. Das Sehvermögen ist subtiler, aber das ist noch nicht alles. Es gibt eine spezielle Art des Sehens, welche Hellsichtigkeit genannt wird – klares Sehen.

Hellsichtigkeit beruht auf physischer Basis, und es gibt nichts Geheimnisvolles um diese Fähigkeit. Die Energie hierfür befindet sich in jenem kleinen Organ im Gehirn, das als Hypophyse bezeichnet wird. Die Art der Schwingungen ist so subtil, dass keine physische Öffnung in der Haut erforderlich ist, sie zur Hypophyse zu leiten, doch es existiert ein Punkt besonderer Empfindlichkeit, genau zwischen den Augen über der Nasenwurzel, der als äußere Öffnung für die Hypophyse dient. Es ist geradeso, als ob man durch jene Öffnung auf der Stirn sehen würde, so wie es für unsere Augen zutrifft. Ich vermute jedoch, dass es einen Unterschied gibt: Zwischen der empfindlichen Stelle auf der Stirn und der Hypophyse existieren keine Nervenfasern der üblichen Art. Trotzdem ist Wahrnehmung möglich.

Wenn das Bedürfnis besteht, die Welt der Elfen und anderer Wesen zu beobachten, konzentriert man sich nur einen Augenblick auf jenen Punkt, und jener Sinn reagiert wie unsere Augen (allerdings hat sich in diesem Zusammenhang nur ein Auge geöffnet). Mir wurde gesagt (ich will nicht vorgeben, über Biologie gut informiert zu sein), dass früher bei den primitiven Tieren, die noch vor dem Menschen auf der Erde existierten, eine Verbindung zwischen Hypophyse und Haut sowie eine Öffnung nach außen bestand. Man nimmt an, dass die gegenwärtige Hypophyse ein atrophiertes Überbleibsel jener Tage darstellt. Den Ärzten ist bekannt, dass die Hypophyse mehr als ein nutzloses Überbleibsel ist. Sie sondert aus dem Hypophysenvorderlappen und -hinterlappen Sekrete ins Blut ab, die einen bedeutenden Einfluss auf das Wachstum und auf andere Funktionen ausüben. Folglich ist sie kein funktionsloses Organ, sondern von großer Wichtigkeit für den Menschen. Sie empfängt sicher auch sehr feine Schwingungen aus einer Welt, die subtiler als die uns bekannten Schwingungen sind. Ich wünschte, ich könnte dergleichen klarer ausdrücken, doch vielleicht ist dies die beste Art der Beschreibung. Vielleicht ist es gut, wenn wir uns dieses Sinnes nicht so einfach zu bedienen vermögen und der Mensch keinerlei Zwang auf dessen Funktionen auszuüben imstande ist. Der gewaltsame Versuch, die Natur zu bezwingen, birgt in vielen Fällen Gefahren in sich. Mitunter versucht der Mensch mit seinem Willen, einen Zustand der Hellsichtigkeit zu erreichen, indem er Drogen nimmt oder andere Praktiken anwendet. Wenn die Entfaltung der Hellsichtigkeit auf unnatürlichem Wege erfolgt, so wird dies Gefahren mit sich bringen. Es vollzieht sich aber etwas anderes, wenn sich diese Fähigkeit auf vollkommen normale Art entwickelt.

Dabei erhebt sich die Frage, warum nicht mehr Menschen Naturgeister zu sehen vermögen. Ich nehme an, dass die Antwort teilweise darin liegt, dass unter den Erwachsenen sich fast niemand darum bemüht, ja selbst in der Kindheit nicht. Der Rest der Antwort wäre darin zu suchen, dass die wenigen, welche von der Existenz der Elfen wissen, nicht immer bemüht sind, sie entsprechend wahrzunehmen. Ich werde am Ende dieses Kapitels einiges dazu bemerken, doch momentan mag die Angelegenheit im Raume schweben. Was mich selbst betrifft, so bin ich imstande, Elfen zu sehen. Ich sehe sie auch mit geschlossenen Augen. Im Allgemeinen aber schließe ich sie nicht, da dies überflüssig ist. Außerdem trägt das normale Sehvermögen dazu bei, Einzelheiten wahrzunehmen.

Viele Elfen sind durch das normale Sehvermögen wahrnehmbar, so dass es leichter ist, sie auf diese Art zu beobachten. Da ich kein Physiker bin, vermag ich nicht festzustellen, welche Art von Licht sie ausstrahlen oder reflektieren (sie leuchten). Selbst wenn ich ein Physiker wäre, mit welchen Instrumenten würde ich solche Feinheiten messen? Ein Freund, der auf dem Gebiet der Wissenschaft tätig ist, schlug vor, die Elfen mit und ohne Brille zu betrachten, um durch solch einen Test Aufschluss über das von ihnen ausgehende Licht zu erhalten. Ich folgte seiner Empfehlung und stellte fest, dass Elfen durch eine Brille anders aussehen, was für die Baumgeister ebenfalls zutrifft. Doch vielleicht hängt diese Veränderung eher mit dem normalen Sehvermögen zusammen? Elfen sind durch gewöhnliches Fensterglas nicht so gut sichtbar, und wir kommen erneut auf den vorher erwähnten Punkt zurück.

Experimente dieser Art benötigen die Unterstützung hellsichtiger Menschen, und um von Nutzen zu sein, sollten sie sich über einen längeren Zeitraum erstrecken. Das Beste dürfte es sein, die bedeutend erscheinenden Dinge zu erläutern und mit der Beantwortung der Frage fortzufahren, mit was man Elfen vergleichen könnte, da diese Frage unser Hauptanliegen darstellt.

Ich möchte zuerst bemerken, dass in der unsichtbaren Welt außer den Elfen viele verschiedene Arten von Lebewesen und Aktivitäten existieren. Es soll nicht Absicht dieses Buches sein, über die anderen Wesenheiten zu berichten. Einige von ihnen sind jedoch so fest mit dem Leben und Wirken der Elfen verbunden, dass ich sie zu gegebener Zeit erwähnen werde.

Ich muss deswegen erklären, dass es zwei wichtige Lebensformen gibt, die im Zusammenhang mit den Elfen stehen und einen Teil des Naturreiches darstellen. Die Elfen sind tatsächlich Teil einer großen Evolutionslinie, welche parallel zur menschlichen Evolutionslinie verläuft. Sie beginnt, wie dies auch für die menschliche Evolutionslinie zutrifft, mit einigen sehr primitiven Formen und entwickelt sich zu den Elfen (die sich selbst auf verschiedenen Evolutionsstufen befinden). Ihre höchsten Wesenheiten sind jene, welche traditionsgemäß Engel oder Devas genannt werden. Die Elfen stehen mehr oder weniger in Beziehung zu den Engeln so wie das Tier zum Menschen. Fast alle Elfen, und viele Engel ebenso, sind mit den Vorgängen in der Natur befasst, was ich später noch ausführen werde. Die Engel sollen jedoch nicht Thema dieses Buches sein, es sei denn, es bestehen Zusammenhänge zwischen ihnen und den Elfen.

Ich möchte darauf hinweisen, dass konventionelle Vorstellungen über sie sehr weit von den Tatsachen entfernt sind. Engel sind hinsichtlich ihrer Existenz weitaus bemerkenswerter als gewöhnliche Ansichten es ihnen zugestehen. Wir werden später einiges dazu lesen.

Die konventionelle Vorstellung über Engel sagte mir niemals zu, da in ihr die Engel als Wesen mit vielerlei Tugenden, aber ohne besondere Charakteristika auftreten. In Wirklichkeit handelt es sich um ausgeprägte Individuen von großer Faszination. Sie sind mächtige Wesen und mit keinerlei Schwächen behaftet. Ein Bestandteil des Volksglaubens hinsichtlich der Engel ist jedoch richtig: sie verfügen über eine höhere Intelligenz als der Mensch. Viele von ihnen sind weitaus höher entwickelt – es handelt sich um herrliche Wesenheiten. Ähnlich sind viele Elfen intelligenter und höher entwickelt als die Tiere. Ich denke, dass Elfen insgesamt auf einer höheren Stufe stehen als Tiere. Dies kommt auch zum Ausdruck, wenn wir spezifische Fälle und Beispiele aufführen.

Ein gewisser Tatbestand hat mich sehr betroffen gemacht, als ich über diese Dinge mit Menschen auf der ganzen Welt redete. Obwohl viele von ihnen mit der Vorstellung aufwachsen, dass Elfen nichts mehr als Illusion oder Phantasie sind, während Engel wahrhaftig existieren, so glaubt doch fast niemand an Engel, während trotz allem eine große Anzahl von Menschen an Elfen glaubt. Dies beruht auf der Annahme, Elfen würden dem Menschen viel näher stehen als Engel (obwohl dies nicht so sein müsste und die Menschheit hierin einem Irrtum unterliegt). Dieser Glaube mag auch daraus resultieren, dass viele Menschen in ihrer Vorstellung die Elfen mit erbaulichen Dingen in Zusammenhang bringen, während man an Engel in Verbindung mit Anbetung denkt, die sich unserer Erfahrung entweder vollständig entzieht oder mit unglücklichen Ereignissen wie Tod oder Leiden verknüpft ist.

Die niederen Wesen dieser Evolutionslinie werden „Elementargeister“ genannt. Ihr Leben ist wenig organisiert, und sie verfügen weder über Gefühl noch über Gedanken. Sie sind im Allgemeinen klein. Hinsichtlich Größe, Charakter und Aufgaben unterscheiden sie sich sehr von den Elfen. Ich erachte es nicht als notwendig, sie in Einzelheiten zu beschreiben, es sei denn, es ist von ihnen in Verbindung mit Elfen die Rede. Das Leben der Elementarwesen befindet sich, wie das der Elfen, in enger Beziehung mit dem Leben des Menschen. Die Elfen, welche sich drastisch von den Elementarwesen abheben, obwohl sie in evolutionärer Hinsicht aus ihrer Stufe hervorgehen, besitzen Verbindungen zur menschlichen Evolutionslinie. Es ist allerdings nicht so einfach, Kontakt zu den Engeln aufnehmen. Die Substanz, aus der der Körper eines Engels besteht, ist viel feiner als diejenige, aus der die Körper der Elfen gebildet sind; sie ist für das physische Auge nicht wahrnehmbar. Engel erfordern eine reine Form der Hellsichtigkeit, da die Substanz, aus der sich ihr Körper zusammensetzt, so fein ist. Während man Engel fast niemals mit dem physischen Auge wahrzunehmen vermag, ist dies bei Elfen möglich, besonders aus dem Augenwinkel heraus. Einige Menschen nehmen Elfen als Vision wahr. Es besteht die Theorie, dass der zentrale Teil der Retina zu häufig durch normales Sehen beansprucht wird und deswegen nicht mehr auf die feinen Schwingungen reagiert, die von Elfen ausgehen und sich folglich der noch unbeanspruchte Teil für solche Zwecke besser eignen würde. Im Kapitel zum Thema Evolution finden wir einiges über die Beziehung der Elementarwesen zu den Engeln, die die Krönung dieser Evolutionslinie darstellen.

Ich möchte betonen, dass ich in diesem Buch nur einige von Tausenden Arten von Elfen beschrieben habe. Es soll bei niemandem der Eindruck entstehen, als habe ich *alle* Arten von Elfen gesehen. Ich vermag nicht zu beurteilen, ob sie genauso zahlreich und unterschiedlich sind wie Insekten, Vögel, Säugetiere und Fische. Sie sind jedoch in großer Vielfalt und Fülle vorhanden. In den einzelnen Mythologien werden sie auch beim Namen genannt. Ich selbst habe aber diese alten Bezeichnungen vermieden. Sie sind zu eng mit dem Glauben anstatt mit Wissen assoziiert und würden nur von den Elfen ablenken. Außerdem könnten vorgefasste Meinungen in den Köpfen der Menschen auftauchen, wenn Namen wie Elfen, Trolle, Undinen und ähnliche genannt werden. Solche Meinungen sind mitunter richtig, mitunter falsch. Um sicher zu gehen, ignorierte ich die meisten der alten Namen und prägte entsprechende neue, die mir nützlicher schienen. Aus diesem Grund bezeichne ich das gesamte Reich der Naturgeister als Elfenreich. Manchmal nenne ich diese Wesen ganz allgemein Naturgeister, während sich das Wort „Elfe“ allein auf jene Wesen im Wald und im Garten bezieht. Ein detailliertes Vorgehen mag vielleicht um der Genauigkeit wegen von Wert sein, doch der

Ausdruck Elfe ist für viele ein Begriff, so dass ich ihn für das gesamte Reich der Naturgeister verwende.

Es besteht eine klare Aufteilung im Elfenreich, so wie dies auch in der Tier- und Pflanzenwelt der Fall ist. Diese Einteilung bezieht sich auf die Elfen der verschiedenen Elemente. Aus diesem Grund habe ich meine Beschreibung der natürlichen Einteilung der Elfen angepasst, welche sich in Wasser-, Feuer-, Luft- und Erdgeister aufgliedert.

Die Wassergeister unterscheiden sich ziemlich von denen der anderen Elemente; die Luftgeister existieren in einer Vielfalt, die im Gegensatz zum Rest der Elfen steht, so wie die Vögel sich von den Fischen oder Insekten unterscheiden usw. Solches führt zu einer natürlichen Einteilung mit wenig Abweichungen. Die einzelnen Gruppen vermischen sich mitunter, wie auch in der Welt der Materie einige Fische zu fliegen und Landtiere zu schwimmen vermögen. Trotzdem ist eine abgegrenzte Einteilung vorhanden. Die Wald- oder Gartenelfe entspricht hierbei am vollkommensten dem Begriff der Elfe, und von ihr wird auf den folgenden Seiten noch häufig die Rede sein. Sie ist überall anzutreffen und unterscheidet sich von Kontinent zu Kontinent, wie die Nationen der Erde. So werde ich meine Beschreibung mit einer dieser Elfen beginnen und führe hiermit den Leser in das Reich dieser wunderbaren Wesen.

Kapitel II

Dialoge mit den kleinen Wesen

Unsere Welt berührt bereits an gewissen Punkten die Elfenwelt. Viele Menschen verspüren mehr oder weniger den Geist eines Waldes oder die Erhabenheit eines Berges, doch sie führen dies oft auf die neue Umgebung, auf die fremden Laute und Empfindungen zurück, während in Wahrheit derartige Eindrücke aus dem Elfenreich herrühren. Schriftsteller wie James Stevens, Yeats, Tennyson und Shakespeare verstanden es, unser Wissen und Empfinden um das Elfenreich zu bereichern. Sie wussten um die Wahrheit. Eine größere Anzahl von Menschen als man gemeinhin annehmen würde, steht mit Elfen und Engeln in Verbindung. Die Kluft zwischen beiden Gruppen, Elfen und Menschen, ist nicht so groß, wie wir es in unserer Ignoranz vermuten. Wenn wir uns vergegenwärtigten, dass wir in einer Welt voller Elfen, Engel und anderer Wesenheiten leben, würden wir unsere Haltung gegenüber dem Leben, d.h. unseren Lebensstil, wesentlich ändern.

Allein der Glaube an die Existenz einer solchen Welt sollte uns mit Freude erfüllen. Das Wissen und die Gewissheit darum würden sich zu entsprechender Zeit einstellen. Wir würden viel empfänglicher für die Dinge um uns herum werden. Es ist unmöglich, jene Welt zu berühren, ohne von ihrem Geist durchdrungen zu werden, der unsere eigene kreative Energie erwachen lässt.

Ich war nur eines von den vielen Kindern, welche sich des Elfenreiches schon in früher Kindheit bewusst waren. In meinem Fall ist dieses Wissen – dank glücklicher Umstände und vielleicht bestimmter Vorteile – nicht nur erhalten geblieben, sondern hat an Umfang zugenommen. Der Leser wird vielleicht selbst solche Fälle kennen. Ich bin vielen Kindern begegnet, die die Gabe des Hellsehens besaßen und traf noch mehr Erwachsene, die sich an die Zeiten erinnern, in welchen ihnen diese Kraft zu eigen war. Nur wenige besitzen den Mut, zu ihren Fähigkeiten zu stehen, da sie befürchten, man würde sie für seltsam halten. Die Art und Weise, in der viele Eltern ihre Kinder behandeln, veranlasst jene in diesem Punkt zum Schweigen. Da sie für ihre „Lügen“ Prügel beziehen, fühlen sie sich wenig ermutigt, sich weiter mit diesen Dingen zu beschäftigen. Sie schämen sich wegen dieser Erfahrungen. Außerdem sollten wir bedenken, dass es sich hierbei um eine heikle Angelegenheit handelt. Man benötigt, um Elfen wahrzunehmen, Ruhe und Frieden. Zudem sind Elfen, sowie wilde Tiere, selbst ziemlich scheu, und es ist nicht einfach, sich ihnen zu nähern.

Alles in allem ist selbst unter den günstigsten Umständen, ganz besonders in der Nähe der Städte, ein solches Unterfangen für den Unerfahrenen nicht einfach. Man denke nur an die ignorante Feindseligkeit der Mehrheit der Menschen und an ihre Überzeugung, dass allein greifbare Dinge existieren, so kann man die Probleme ermessen, denen sich das „sehende Kind“ gegenübergestellt sieht. Glücklicherweise fördern immer mehr Eltern die Kreativität und das höhere Wahrnehmungsvermögen ihrer Kinder.

Menschen, die draußen in der Natur leben, wie zum Beispiel die Bauern, kennen das Elfenreich. Ihre Aussagen sind in ihrer Vielzahl unbestreitbar und bedeutsam hinsichtlich ihres Inhaltes und ihrer Auswirkungen. Deswegen ist es wichtig, zwischen beiden Welten, der der Elfen und der des Menschen, Verbindungen zu schaffen.

Die Beziehung, die jeder von uns zu den Elfen entwickeln könnte, sei anhand eines Beispieles erläutert. Vor vielen Jahren feierte ich zusammen mit meinen Freunden meinen 14. Geburtstag mit einem Picknick in einem Nationalpark in Australien. Unter uns befanden sich einige, die hellsichtig waren, und nachdem wir uns am Ufer des Hauptflusses, der den Park durchzog, niedergelassen hatten, bemerkten wir zahlreiche neugierige und freundliche Elfen, die uns aus dem Gebüsch heraus beobachteten. Es war unser erster Besuch in diesem Park und die Vielfalt unter den Elfen ließ uns mit dem Engel dieses Gebietes in Berührung kommen. Er war ein bemerkenswertes Wesen von großer Statur mit einem Ausdruck von Kraft und Bestimmtheit.

Obwohl er gewohnt war, zu herrschen und Pläne auszuführen, strahlte er trotzdem viel Güte aus. Er war auf ein Mitglied unserer Gruppe aufmerksam geworden, da es ein mit Steinen eingelegtes Kreuz trug, das überall als Machtsymbol gilt. In diesem Fall handelte es sich um einen Stein mit einer außergewöhnlichen Lichtstrahlung. Der Engel äußerte sich darüber und sprach mit uns. Er war interessiert herauszufinden, ob wir imstande wären, zu ihm Kontakt aufzunehmen und ob wir Elfen sähen. Es war ihm daran gelegen, alles über das Kreuz in Erfahrung zu bringen, und er sprach sogar den Wunsch aus, ein ähnliches Kreuz zu besitzen. Er fragte uns, ob wir ihm eines besorgen könnten. Natürlich waren wir neugierig zu erfahren, warum er etwas Derartiges haben wollte, und er erklärte uns den Grund. Es stellte sich heraus, dass er als die Seele des Tales wirkte und für diese Aufgabe einen Plan besaß. Er hatte das Tal in drei Teile geteilt und beabsichtigte, in jedem Teil eine andere Atmosphäre aufrechtzuerhalten. So ließ er im und entlang des unteren Talbeckens, das den Gezeiten unterworfen war, Elfen wirken, die auch im Meer zu finden sind und solche, die auch im Brackwasser angetroffen werden. Weiter oben im Tal setzte er Gnome und smaragdgrüne Elfen ein. Außerdem gab es ein Wehr sowie unbewegtes Wasser, wo besonders liebliche Wasserelfen ihre Aufgaben versahen. Sie hatten eine türkisblaue Farbe und sahen sehr menschlich aus. Im umliegenden Gebiet konnte man viele himmelblaue Waldelfen und viele herrliche kleine schmetterlingsähnliche Elfen sehen. Weiter oben errichtete er in der unzugänglichen Wildnis ein drittes Gebiet, in welchem man auf Elfen stieß, die sich dem Menschen fernhielten.

Der Engel beabsichtigte, ein solches Kreuz im Zentralbereich des Tales aufzustellen, um von diesem Punkt jenen dritten Teil des Tales zu beeinflussen. Wir waren sehr an seinen Ausführungen interessiert und versprachen, falls möglich, ein Kreuz zu besorgen. Er zeigte sich durch diesen Vorschlag äußerst angenehm berührt und sehr dankbar.

Unsere Gruppe sang Lieder, wie es eben bei solchen Anlässen üblich ist, was die Elfen von überall herbeikommen ließ, während der Engel beständig die Szene beobachtete. Die Elfen drängten sich um uns und zeigten sich erstaunt darüber, auf Menschen zu treffen, die mit ihnen zu sprechen vermochten und die ihre Anwesenheit zu schätzen wussten. Als es Zeit wurde zu gehen, baten sie uns zurückzukommen.

Zu gegebener Zeit kehrten ein Freund und ich am verabredeten Tag zurück, doch ohne das Kreuz. Sobald wir die entsprechende Stelle erreicht hatten, ja sogar noch eher, lautete die erste Frage des Engels, ob wir das Kreuz mitgebracht hätten. Ich erklärte, dass dies nicht möglich gewesen wäre, da es noch nicht fertig sei. Er war darüber sehr enttäuscht und meinte, man solle seine Versprechen halten, und dass sich derartige Dinge im Reich der Engel nicht ereigneten. Solche Versäumnisse aus der Welt der Materie ließ er nicht gelten. Wir blieben und verlebten angenehme Stunden, indem wir uns mit einigen liebenswürdigen Elfen anfreundeten, die erfreut waren, mit uns zu sprechen. Die Pläne des Engels beinhalteten, zur Erholung der Menschen, die den Park während der Ferienzeit zu Tausenden aufsuchten, beizutragen. Er war bestrebt, sie auf die Schönheit dieses Gebietes aufmerksam werden zu lassen und ihnen ein Gefühl des Friedens zu vermitteln.

Deswegen hatte er die Elfen gebeten, sich gegenüber den Besuchern so freundlich wie möglich zu verhalten und ihnen Verständnis entgegenzubringen. Aus diesem Grunde begegneten sie menschlichen Aktivitäten mit Neugierde und zeigten überdurchschnittliches Interesse, Menschen zu treffen, die mit ihnen zu sprechen und ihnen die Eigenheiten menschlichen Benehmens zu erklären vermochten. Einiges erschien ihnen rätselhaft. Man spielte dort zum Beispiel Fußball. Die Elfen empfanden hinsichtlich des Laufens Verständnis, aber es war ihnen unklar, warum der Ball Objekt einer derartig wilden Verfolgung war. Es gelang uns niemals, dies zu erklären. Wir konnten lediglich mitteilen, dass es sich um ein Spiel handelte. Wir versprachen dem Engel, zurückzukommen und ihm das Kreuz zu bringen.

Schließlich war es fertig und wir begaben uns damit zum Park. Der Engel erklärte uns, wo er es gerne hinstellen wollte. Nachdem wir einige Meilen zurückgelegt und den richtigen Platz gefunden hatten, mussten wir feststellen, dass es sich hierbei um einen entsetzlichen Ort mit einer äußerst unangenehmen Atmosphäre handelte, die, wie ich zugeben muss, auf menschlichen Missetaten beruhte. Wir wandten uns an den Engel und erfuhren, dass er deswegen das Kreuz an diesem Ort aufzustellen beabsichtigte. Er hoffte, die Strahlung der Steine werde eine Wendung zum Guten bewirken. Wir baten ihn, statt dessen einen lieblichen Ort auszusuchen, an dem das Kreuz mit der Unterstützung der umgebenden Elfen ebenfalls seine Wirkung ausüben würde. So befragte er einen anderen Engel und schließlich entschied man, das Kreuz in einem zentraler gelegenen Gebiet von großer Schönheit zu belassen. Es wurde dort versteckt, und der Engel rief alle Elfen des Tales an diesen Platz. Tausende gesellten sich zu den Hunderten, welche bereits die Vorgänge mit großer Neugier verfolgt hatten. Der Engel erklärte die Wirkung der Steine und veranstaltete eine Zeremonie, um die neue Errungenschaft zu feiern. Die Elfen bewegten sich langsam tanzend in einem Kreis. Sie wurden vom Engel aufgefordert, regelmäßig diesen Ort aufzusuchen, um sich der Strahlung der Steine auszusetzen und auf diese Weise ihre Energie aufzunehmen und sie im Park zu verbreiten.

Solch ein Ereignis kommt natürlich selten vor. Die Elfen in den Gärten stehen täglich mit den Menschen in Verbindung. Im

Allgemeinen wissen die Leute, die einen Garten betreten, nichts von den Elfen dort. Diese kennen den Menschen, aber wenn dieser nicht reagiert, gehen sie ihres Weges.

Die Elfen schenken den Kindern immer viel Aufmerksamkeit, ganz besonders den Allerkleinsten, und empfinden für Kinder viel Zuneigung, da diese ihnen unter den Menschen am ähnlichsten sind. Wenn wir jedoch einen Garten durchschreiten, ohne die Elfen zu sehen, uns aber ihrer Anwesenheit bewusst sind, dürfen wir sicher sein, zu ihnen Kontakt herzustellen, vor allem, wenn wir inne halten, um die Blumen zu bewundern. Die aufrichtige Verehrung der Pflanzen und Blumen bedeutet den Elfen eine große Freude. Wenn sie einen Menschen beobachten, der sich durch eine Blume oder Pflanze tief angezogen fühlt, hegen sie für den Bewunderer Interesse, da dieser ihrer Eitelkeit schmeichelt.

Sie meinen sofort, dieser Mensch müsse ganz besonders nett sein, und so wird auf diese Weise ein Kontakt hergestellt, da ihnen das Wachstum der Pflanzen am Herzen liegt. Die Liebe zu Blumen sowie die bewusste Bitte um Hilfe stellt eine Möglichkeit dar, sie kennen zu lernen und vielleicht sogar, sie zu sehen. Es ist die Liebe zur lebendigen Schöpfung, welche zwischen beiden Reichen eine Brücke schlägt.

Der Kontakt zu „Wasserbabies" (so nenne ich sie) erfolgt durch eine ganz andere Methode. Sie empfinden überhaupt keine Scheu oder Schüchternheit gegenüber dem Menschen und schließen leicht Freundschaft mit ihm. Aufgrund ihrer Überfülle an Energie vermögen sie uns in beträchtlichem Maße zu helfen, worauf ich später noch zurückkommen werde. Als ich am Meer wohnte, nahmen wir auf folgende Weise Kontakt zu diesen Wasserwesen auf. Wann immer wir das Wasser mit einem Fährboot überquerten, pflegte ich an die Wasserelfen zu denken und sie einzuladen, näher zu kommen. Sie folgten meiner Einladung gerne, da sie alles sehr lustig fanden. Wir beschäftigten uns damit, auf dem Boot nach Menschen Ausschau zu halten, die sich elend fühlten. Anschließend wandten wir uns an die „Wasserbabies“, ob sie sich nicht zu jenen Menschen begeben könnten, um etwas von ihrer Energie, an der es jenen mangelte, auf sie zu übertragen. Sie kamen dieser Bitte gerne nach und waren bemüht, das Gemüt jener Menschen aufzuheitern. Tatsächlich vermochten wir eine Wandlung des Gesichtsausdruckes festzustellen und manchmal sogar den Anflug eines Lächelns.

Die Elfen blieben mitunter eine Stunde bei dem betreffenden Menschen und waren bemüht, ihm zu Wohlbefinden zu verhelfen. (Wasserelfen vermögen einen Menschen für einige Stunden auf dem Festland zu begleiten, jedoch nicht sehr viel länger.) Dies ist etwas, das viele selbst ausprobieren können. Die „Wasserbabies“ helfen gerne, und sie empfinden alles als ein Abenteuer. Die Wirkung ist bei sensiblen Menschen so tiefgreifend, dass sie nach solchen Hilfeleistungen das Gefühl verspüren, als ob sie ein belebendes Mahl zu sich genommen hätten.

Es ist nicht immer der Fall, dass Elfen helfen. Es kann auch umgekehrt sein, dass der Mensch den Elfen beisteht und der Kontakt zwischen beiden Welten sich nicht immer angenehm gestaltet.

Eine Begebenheit, die mir widerfuhr, soll dies veranschaulichen. Eines Abends unternahmen einige von uns einen Spaziergang im Hafen von Sydney, wo eines dieser Wesen residiert. Nachdem wir uns seinem Platz näherten, verspürten wir als erstes den Eindruck physischer Hitze an einer gewissen Stelle des Weges. Dies war um so befremdlicher, als die Nacht kühl war. Zu gleicher Zeit bemerkten wir etwas, das uns erschauern ließ. Bis zu diesem Moment hatten wir nicht an unseren Freund aus der Elfenwelt gedacht, doch dann erblickten wir ihn und sahen, wie er so schnell wie möglich dieser schauerlichen Stelle zu entkommen trachtete. Er bemerkte uns, kehrte um und eilte uns voller Freude und Erleichterung entgegen. Wir erfuhren, dass er sich sehr ängstigte, da sich an dieser Stelle einige grausige Wesen befanden, die ihm wirklich Furcht einjagten.

Es stellte sich heraus, dass es dort tatsächlich vier oder fünf monsterähnliche Wesen von widerwärtiger Farbe und Ausstrahlung gab, welche ihr Unwesen trieben. Sie waren von hässlicher roter Farbe, ihr Kopf glich der Karikatur eines Bisonkopfes und ihre Körper waren gestaltlos. Sie stellten die Verkörperung furchtbarer Schwingungen dar, die den dort stattgefundenen Ereignissen zugrunde lagen, und an denen sich Menschen beteiligt hatten.

Irgendwie muss es an diesem Abend zu einer negativen Aufladung dieser Schwingungen gekommen sein, welche jene Wesen befähigte, Gestalt anzunehmen. Unser Elfenfreund bat uns um Hilfe. Wir versuchten, diese Biester zu verscheuchen, da sie über geringe Intelligenz verfügten und für niemanden von Nutzen waren. Aber sie blieben hartnäckig, und unsere Bemühungen zeigten wenig Erfolg. Zufällig fanden wir heraus, dass sie tödliche Angst vor dem nahen Wasser hatten, und mit weiterer Willensanstrengung scheuchten wir sie ins Hafenwasser, wo sie sich sofort auflösten.

Die kleine Elfe vergaß diese Hilfeleistung nie und blieb unser Freund, solange wir dort wohnten. Es geschieht allerdings häufiger, dass Elfen dem Menschen helfen als umgekehrt, denn sie sind sich unserer Existenz bewusst und fast immer gleichmäßig freundlich, während wir selten von ihrem Dasein wissen und außerdem Stimmungsschwankungen unterliegen – wenngleich diese in ihrer Gegenwart verschwinden. Es ist wirklich bemerkenswert, wie Elfen den Menschen helfen. Es gibt ganze Bereiche hochentwickelter Sylphen und Engel, die zum Wohl des Menschen wirken.

Über vielen Menschen wacht ein Engel, den man gemeinhin auch Schutzengel nennt. Es handelt sich hierbei gewöhnlich um eine Sylphe, welche seit der Geburt, Taufe oder durch ein anderes festliches Ereignis endgültig mit einem Menschen verkettet ist. Ihre Aufgabe besteht darin, ihren Menschenfreund zu beschützen, ganz besonders in kritischen Zeiten. Der Engel kümmert sich vor allem in der Kindheit um den Menschen, während später die Verbindung sich oft lockert. Wenn der Mensch sich dieser Verbindung bewusst wäre, würde er deren Segen verspüren, denn es erfüllt den Engel mit Freude, einen Menschen zu beschützen, der für die Dinge empfänglich ist, mit denen er befasst ist. Wenn es sich um einen egozentrischen Menschen handelt, der sich nur für die materielle Seite des Lebens interessiert, erweist der Engel ihm weniger Aufmerksamkeit, wenngleich er ihm, falls erforderlich und besonders in Krisensituationen, helfen wird. Doch wenn das Kind zunehmendes Interesse an den inneren Welten zeigt, sich anderen gegenüber hilfreich und von sozialer Gesinnung erweist, dann wird seine Anwesenheit und aktive Unterstützung über Jahre fortdauern. Manchmal kann diese Beziehung sehr schön sein. In der Regel ist eine Sylphe oder ein Engel (falls es sich um einen solchen handelt) entschieden höher entwickelt als der Mann oder die Frau, denen sie ihren Schutz gewähren. Die Sylphe oder der Engel verfügen über die großen Vorzüge des Elfenlebens, z.B. Beweglichkeit, Hilfsbereitschaft und wohltätige Absichten. Der Schutzengel mag zum Beispiel bemerken, dass sich das Kind seines Menschenfreundes in Gefahr befindet und wird die Mutter des Kindes veranlassen, rechtzeitig nach ihm zu schauen.

Unzählige kleine Begebenheiten und oft wichtige Geschehnisse, die sich im frühen Lebensalter ereignen, tragen zur Verbindung zwischen beiden Welten bei.

Während der Kindheit besteht eine engere Beziehung zwischen beiden Welten als im späteren Lebensalter. Dies resultiert daraus, dass Kinder dem Wesen der Elfen näher stehen als Erwachsene. Sie sind glücklich, spontan in ihren Handlungen, sie fügen sich gut in die Natur ein und ihnen ist eine gewisse Sorglosigkeit zu eigen, da sie sich nicht um Nahrung und Kleidung kümmern. Sie besitzen die beachtliche Fähigkeit zur Freude und lassen sich von kleinen Dingen, wie durch einen Kieselstein, eine Muschel oder leere Schachtel, begeistern. Sie schenken ihre Aufmerksamkeit besonders jungen Tieren und kleinen Pflanzen, sind grenzenlos neugierig auf alles, das sich in ihrer Reichweite befindet, sind sich konventioneller Traditionen hinsichtlich Benehmen und Moral nicht bewusst, lieben das Abenteuer, verkleiden sich gerne und hören gerne geheimnisvolle Geschichten. In all diesen Dingen ähneln Kinder den Elfen. Deswegen stehen in der Kindheit die Pforten so oft offen, und die Welt des Menschen und der Elfen bildet eine vollkommene Einheit.

Unter den Erwachsenen gibt es viele, die sich des Elfenreiches mehr oder weniger bewusst sind, aber die einzige Gruppe von Menschen, von denen man behaupten kann, ihnen nahe zu stehen, sind Matrosen. Die physischen Bedingungen des Lebens hinterlassen ihre Spuren, die Stunden, die sie mit Nachtwachen zubringen, das Leben auf See, die langanhaltende Abgeschlossenheit in einer kleinen Gruppe, die Distanz zu gewöhnlichen Belangen des Alltags – all dies schafft eine besondere Atmosphäre.

In dieser Umgebung spielen die Elfen eine Rolle. Die Matrosen sind die einzige Gruppe unter den Menschen, die fast ausschließlich und gleichzeitig die Gegenwart und Ausstrahlung zweier Elfengruppen genießen: die der Wasser- und der Luftwesen. Wie ich bereits erwähnte, unterscheiden sich beide ziemlich von den Festlandselfen. Es ist wahrscheinlich, dass der traditionsgebundene Charakter des Matrosen, sein Glaube an das Übernatürliche sowie die Macht der Elemente, diese Erfahrungen fördern. Bergleute wiederum stehen anderen Bereichen der Elfenwelt nahe. Einesteils zählt man diese Welt zum Erdelement und andererseits kehren die Bergleute nach einigen Stunden an die Erdoberfläche zurück. Doch der Matrose verspürt die unbeschwerte und fremdartige Macht der Geschöpfe des Meeres und der Luft.

Ich befand mich oft in der Gesellschaft von Menschen, welche Elfen zu sehen vermögen, wenn auch die Zahl dieser Menschen einigermaßen gering ist. Ich kenne persönlich zehn oder zwölf mit dieser Fähigkeit und beobachtete zusammen mit ihnen zu verschiedenen Zeiten die Elfen. Ich beziehe mich hier nur auf Leute, die sie wahrzunehmen vermögen, wann immer sie es wünschen. Gelegentlich traf ich auch Menschen, die zum ersten Mal Elfen erblickten. Manchmal habe ich Elfen auf Bitten von Menschen beschrieben, wenn die Umstände es angebracht erscheinen ließen. Ich begab mich zum Beispiel auf Elfensuche im New Yorker Central Park, um den Ansprüchen einer Zeitung gerecht zu werden.

Ich suchte den Central Park auf, in der Erwartung, keine zu finden. Es gab trotzdem einige dort und das obwohl der Frühling kaum begonnen hatte. Sie zeigten sich sehr interessiert und schienen sich vor den Menschen nicht zu fürchten, da ihnen diese ständig begegneten. Wenn sich ein Mensch näherte, wich die Elfe etwas zurück, zeigte aber keinen Ausdruck der Angst. Zwei Arten fielen besonders auf.

Bei der einen handelte es sich um die kleine, etwa 30 cm große, smaragdgrüne Art. Sie vertrieben sich in angenehmer Manier die Zeit, indem sie auf einem Hickorynussbaum auf und ab kletterten, von einem Zweig zum anderen hüpften, sich über den sonnigen Tag freuten und also viel zu glücklich waren, um überhaupt meine Anwesenheit zu beachten. Ich beobachtete eine braungoldene Elfe, deren kräftiges Gesicht dem eines Teddybären glich und die eifrig mit einigen Sträuchern beschäftigt war. Es gelang mir, mit ihr ins Gespräch zu kommen. Ich versuchte, ihr zu erklären, dass man in der Zeitung über sie berichten würde, und ob sie mir etwas Bedeutsames mitzuteilen hätte? Sie wurde durch meine Aufmerksamkeit neugierig, vermochte aber nicht zu begreifen, von was ich sprach. Unter einer Zeitung verstand sie etwas, das die Leute vor ihre Gesichter hielten und dann in den Park warfen. Warum sie dies taten, und wie es möglich wäre, darin zu erscheinen und dann auf den Boden geworfen zu werden, überstieg weit ihr Begriffsvermögen. Was letztendlich das Interview anbelangt, was wollte ich noch mehr, denn die Elfe war anwesend, Menschen gingen im Park spazieren und sie brachte ihnen Sympathie entgegen, vor allem den Kindern. Es tut mir leid zu sagen, dass sie eine über alle Maßen sachliche Elfe war. Obwohl das Elfenleben im Park nichts Außergewöhnliches offenbarte, so fand ich es doch beachtlich, zu dieser Jahreszeit überhaupt Elfen in den Städten anzutreffen. Früher begleitete ich öfter Reporter auf Elfensuche – sie sahen niemals welche. Selbst in unserer materialistischen, wissenschaftsorientierten (wissenschaftsgläubigen) Welt besteht großes Interesse am Elfenreich.

Obwohl man Elfen in der Phantasie der Kinder durch moderne Gestalten ersetzt hat, z.B. durch Wesen aus dem Weltraum, so besteht doch seitens der Menschheit ein tiefes, instinktives Bedürfnis, mehr über sie zu erfahren. Dieses Sehnen nach ihrer Freundschaft und Bestätigung ihrer Existenz wurzelt darin, dass sie uns, obwohl unsichtbar für die meisten Menschen, trotzdem nahe sind – die Schwelle zwischen beiden Welten könnte von uns leicht überschritten werden, und die klaren Glockentöne ihrer Musik sind für uns fast vernehmbar. Die Heiterkeit und die Schönheit, die sie in sich vereinigen, wird für uns in jedem Park, jedem Wald und Garten spürbar und sichtbar. Der Himmel und das Meer stellen die Schwelle zu ihrem Reich dar. Überall gibt es Elfen und somit Lieblichkeit und Glückseligkeit. Wenn die Erwachsenen nur in geringem Grad die Einfachheit und Direktheit der Kinder zurückerlangen könnten, würden sie das Land des Glückes wiederentdecken, d.h. das Reich jener kleinen Wesen. Es würde die Elfen in Entzücken versetzen, ihre Freunde zu werden, auf die sich der Mensch stets verlassen kann und die immer freundlich sind.

Kapitel III

Eine typische Elfe

Es ist nicht einfach, eine detaillierte Beschreibung über das Aussehen von Elfen zu geben und zu erklären, woraus sich ihr Körper zusammensetzt. Zuallererst sei erwähnt, dass es viele verschiedene Arten gibt. Es ist vielleicht das Beste, eine mehr oder weniger typische Elfe zu beschreiben und dabei auf jene Charakteristika hinzuweisen, welche ihnen allen gemeinsam sind. Die zweite Schwierigkeit liegt darin, dass es den meisten von uns schwer fällt, sich Körper vorzustellen, die jeglicher physischer Materie entbehren.

Durch die Wissenschaft wissen wir, dass die physische Materie nichts anderes darstellt als Energiemuster und -wellen. Folglich dürfte es nicht schwierig sein, uns die Körper der Elfen aus feinerer Substanz bestehend vorzustellen, einer Substanz, die feiner ist als Helium. In unserer Welt benötigen wir einen mehr oder weniger festen Körper, der Belastungen, Unfällen und Druck standhält, was durch verschiedene Strukturen wie dem Knochenskelett, den Muskeln und dem Nervensystem zum Ausdruck kommt. Doch die Welt, in der Elfen leben, erfordert keine solche Festigkeit. Schwerkraft, Dichte und Druck unterliegen anderen Gesetzen, und so wird eine komplizierte und widerstandsfähige Form nicht benötigt. Was ich nun über eine bestimmte, individuelle Elfe berichte, gilt mehr oder weniger für alle.

Aufgrund dessen fiel meine Wahl auf eine gewöhnliche Festlandselfe, auf eine Wald- bzw. Gartenelfe, die unter ihnen zu den typischsten Elfen zählt.

Diese Art steht auf der mittleren Stufe der Elfenevolution. Sie befindet sich in beständigem Kontakt mit der Menschheit, und

FÜHLEN s. a. n. Seiten

man sieht sie in vielerlei Farben und Größen fast überall auf der Erde. Sie wurde bereits von vielen Menschen wahrgenommen. Diese Elfen kommen in einer Häufigkeit vor, dass es einfach ist, eine von ihnen zum Zweck der Beschreibung auszuwählen. Es handelt sich um die grüne Elfe in den Wäldern von Neuengland.

Sie ist etwa 75 cm groß, besitzt einen schlanken Körper und einen Kopf, der im Vergleich mit dem des Menschen zu groß für ihren Körper erscheint. Dieser besteht aus einer Substanz, welche sich noch am ehesten mit Dampf vergleichen lässt; dabei ist die Form selbst jedoch deutlich erkennbar. Die Körpersubstanz entspricht etwa dem aus einem Teekessel ausströmenden Dampf und lässt den Vergleich mit einer Gaswolke zu. Dieses Gas ist allerdings feiner als die leichteste Substanz, die uns bekannt ist, und es ist schwerer auszumachen als Helium oder Wasserstoff. Es existiert trotzdem als Form, die von Lebensenergie durchdrungen und zusammengehalten wird. Der Körper der Elfen setzt sich aus zwei Substanzen unterschiedlicher Dichte zusammen. Der richtige Körper ist smaragdgrün und von ziemlicher Dichte. Er wird von einer wesentlich dünneren Schicht des gleichen Materials umhüllt, in der aber weniger Energie pulsiert. Jene dünnere Schicht weist ein helleres Grün auf. Diese Substanz stellt eigentlich den Entstehungsort der Gefühle dar. Sie ist lebendige Materie. Die Elfe ist in der Lage frei, umherzuschweifen und ihren Aufenthaltsort nach Belieben zu wechseln. Da die Substanz, aus der ihr Körper besteht, der Natur nach Bewegung ist, im Gegensatz zu unserem komplizierten System von Venen, Muskeln und Nerven, reagiert ihr Körper auf jede Gefühlsregung unmittelbar und direkt.

Obwohl es mir möglich ist, durch die dünne Außenhülle ihres Körpers zu schauen und obwohl der dichtere Teil des richtigen Körpers so zart ist, dass man fast meint, durch ihn hindurchzuschauen, besitzt er organische Strukturen, wenngleich diese auch einfacher sind.

Das Hauptorgan könnte als Herz bezeichnet werden und befindet sich als glühendes und pulsierendes Zentrum an der Stelle, wo der Sitz des menschlichen Herzens ist. Es lässt sich mit goldenem Licht vergleichen und pulsiert wie das menschliche Herz, jedoch weniger kompliziert. Ist die Elfe aktiv, schlägt es schnell und im Ruhezustand langsam. Dieses Organ stellt das Zentrum der Lebenskraft dar und entsendet Vitalströme in den gesamten Körper. Man darf von einem primitiven Zirkulationssystem sprechen, das sowohl Blutkreislauf als auch Nervensystem in sich vereinigt. Der Kopf weist eine besondere Struktur auf, aber die Elfe ist nicht kopflastig, da ihre Haupterfahrungen im Bereich des Fühlens liegen. Anlässlich seltener Gelegenheiten – wenn sie neugierig ist oder zu denken versucht – wird ihr Kopf von dem gleichen goldenen Licht durchglüht. Da sie niemals Speisen zu sich nimmt, besitzt sie kein Verdauungssystem, jedoch einen Mund und andere Gesichtsorgane. Bevor ich über die Gesichtsorgane spreche, sollte ich erwähnen, dass das Herzzentrum eine Besonderheit aufweist. Die Elfe vermag es zu kontrollieren und ist so imstande, mit den sie umgebenden Dingen, speziell mit Lebewesen, Kontakt aufzunehmen. Stellt sie sich auf eine Pflanze ein, lässt sie ihr Herz in dem Rhythmus schlagen, der der Pulsrate der Pflanze entspricht. Diese Gleichzeitigkeit stellt zwischen beiden eine Einheit her. Wie schon an anderer Stelle bemerkt, liegt das Geheimnis der Elfenwelt im Rhythmus. Jede Art von Elfe (seien es Wasser-, Festlands-, Luft- oder Feuerelfen) kommt mit einem begrenzten und bestimmten Umfang rhythmischer Kraft in die Welt, gemäß ihrer Gattung und persönlichen Natur.

Dieser Herzrhythmus ist Ausdruck des vitalen Kontakts mit den sie umgebenden Dingen, doch ihre Gefühle und Reaktionen auf Reize sind unabhängig von der Übereinstimmung mit einem Menschen oder anderen Lebewesen. Hier ähnelt ihr Empfindungsmechanismus dem des Menschen. Sie ist vollkommene Empfindung und empfängt Sinneseindrücke nicht durch spezifische Wahrnehmungsorgane wie Augen oder Ohren, sondern als Ganzes mit ihrem gesamten Körper. Sie nimmt Eindrücke auf, die bei ihr Empfindungen auslösen. Es stimmt, dass das Wahrnehmungsvermögen in gewissen Teilen des Körpers ausgeprägter ist als in anderen. Sie besitzt gewissermaßen Augen und dreht sich um, um etwas zu betrachten, vermag aber auch alles sich hinter ihr Befindliche wahrzunehmen, ohne sich umzuwenden, da sie mit ihrem ganzen Körper Strahlungen fühlt.

Ihre Sinne umfassen einen Geruchssinn, der sich über den gesamten Körper ausdehnt, denn sie lässt den Duft lieblich duftender Blumen auf sich einwirken, doch sie tut dies auch bei Blumen, welche meiner Meinung nach nicht duften. In diesem Bereich ist ihr Wahrnehmungsvermögen ausgeprägter als unseres. Sie verfügt über keinerlei Geschmackssinn, aber sie hört Laute und reagiert auf Musik. Auch hier erfolgt die Wahrnehmung durch ihren ganzen Körper. Sie besitzt so etwas wie Ohröffnungen oder angedeutete Ohren. Ich glaube jedoch, sie empfängt die Laute und Klänge mit ihrem ganzen Wesen, während die Ohren gewissermaßen der Interpretation dienen. Die Gesichtszüge der Durchschnittselfe sind andeutungsweise vorhanden.

Der einzige ihrer Sinne, welcher seinen Sitz in einem bestimmten Organ zu haben scheint, ist das Sehvermögen. Eine Elfe nähert sich nicht zu weit dem Menschen; sie starrt ihn nicht an. Die Augen sind nicht sehr gut sichtbar und weisen in den meisten Fällen keine Lider, Brauen oder Wimpern auf, da eine Elfe dergleichen nicht benötigt. Anstelle der Nase ist bei ihr ein Auswuchs vorhanden und im Allgemeinen eine Andeutung von Ohren. Ihr Mund ist eine einfache Linie. Er ist geschwungen und drückt Empfindungen der Erheiterung aus (er ist überhaupt sehr ausdrucksvoll), aber sie öffnet ihn kaum, und es sieht nicht so aus, als ob Zähne vorhanden wären. Wenn sie lacht, verzieht sich ihr Mund und verlängert sich auf lustige Weise, aber es bilden sich dabei weder Falten um den Mund noch um die Augen. Ihr Gesicht ist von zarter Brauntönung und wird von einem pelzig aussehenden Wust grünen Mooses umrahmt.

Betrachtet man ihr Profil, so stellt man fest, dass der Durchmesser ihres Kopfes, von der Stirn bis zum Hinterkopf, direkt mit ihren Körpermaßen übereinstimmt und sie kaum einen Hals aufweist. Ein weiteres Merkmal dieser Waldelfen besteht darin, dass sie entweder lange Beine und einen kurzen Körper oder kurze Beine und einen langgestreckten Körper haben. Wir finden bei ihnen selten die uns vertrauten Körperproportionen.

Wenn sich unsere grüne Freundin bewegt, läuft sie nicht von einer Stelle zur anderen, sondern sie schwebt. Sie ist imstande, in lebhafter Manier zu springen oder auf und ab zu hüpfen. An ihren Armen und Beinen sind kaum Finger oder Zehen zu erkennen, und ihre Hände unterscheiden sich nicht sonderlich von den Füßen. Außerdem fehlen Muskeln und Sehnen. Sie ist zierlich, anmutig und behände.

So weit die Beschreibung eines dieser kleinen Wesen; der weitere Text bedeutet lediglich eine Erweiterung. Wie ich noch aufzeigen werde, gibt es eine Vielfalt von Elfen. Unter ihnen befinden sich solche mit einer Größe von 2,5 bis 5 Zentimetern, aber auch 'Riesen'.

Die einzelne Elfe, ja selbst die kleine Elfe, welche ich soeben beschrieben habe, vermag ihre Gestalt und Größe in bemerkenswerter Weise zu verändern. Ihr Körper ist Empfindung und Energie und entsprechend wandeln sich Form und Größe. Sie kann sich bis auf 12 bis 15 Zentimeter verkleinern und bis zu einer Größe von 150 bis 180 ausdehnen.

Doch muss in ihr der starke Wunsch lebendig sein, solches zu tun, und auch dann ist es ihr nicht möglich, ihre Größe aufrechtzuerhalten. Das gleiche trifft für die Farbe zu. Sie vermag sowohl unterschiedliche Farben als auch Formen anzunehmen. Eines der vergnüglichsten Spiele unter den Elfen ist das Verkleiden, indem sie gemäß ihrer Vorstellung andere Farben annehmen oder sogar Kleider tragen.

Selbst die Farbe der Wald- und Gartenelfen ändert sich je nach Gebiet. Außer denjenigen mit dem grünen Körper und dem braungetönten Gesicht (die sehr zahlreich in Neuengland vertreten sind), sah ich scharlachrot und purpurfarben gestreifte in Florida, goldfarbene oder solche mit helleren Streifen in Kalifornien, blaue und zart lavendelfarbene in den Staaten des Nordwestens und bronzefarbene mit eigenartig gewundenen Zeichen in Nordkalifornien.

An der französischen Riviera sind sie oft zitronengelb und grüngestreift oder blau und rosagestreift mit scharlachfarbenen und gelben Schattierungen. Was Indien anbetrifft, so erinnere ich mich ganz besonders an die tieforangefarbenen und scharlachroten Elfen. Auf Java ist die lieblichste und auch am häufigsten vorkommende Elfe blau-gold gestreift. In Australien sind sie gewöhnlich himmelblau, doch sah ich in den Bergen einige seltsame schwarze und rote Elfen. Auf einigen der Südseeinseln findet man orangegelb oder orange-weiß gestreifte Elfen. Diese Aufzählung beweist, dass das Erscheinungsbild der Elfen sehr vielfältig ist. Die natürliche Farbe scheint im Allgemeinen mit der Pflanzenwelt übereinzustimmen und ist in tropischen Gegenden heller.

Meine Beschreibung bezieht sich an dieser Stelle auf die Garten- und Waldelfe und mir liegt daran, zu betonen, dass ich nur eine von Hunderten beschreibe.

Wahrscheinlich ist die uns vertrauteste Aufgabe der Elfen die Pflege von Pflanzen, Büschen, Blumen und anderen Lebewesen. In jedem Garten und auf jedem bewachsenen Stück Land sieht man sie eifrig mit der Pflege alles Lebendigen beschäftigt. Auf welche Weise wirken sie durch ihre Aktivität auf Pflanzen und Tiere ein? Die Antwort ist nicht einfach, doch will ich versuchen, das darzustellen, was ich sehe.

Zunächst sollte ich erklären, dass Elfen die Dinge anders als wir wahrnehmen. Wenn wir eine Rose betrachten, sehen wir den Stiel, die Blätter und Blüten.

Ganz anders die Elfen. Aus einigen Metern Entfernung nehmen sie die Rosenknospen als leuchtendes Objekt wahr, das größer ist als die physische Rose unserer Wahrnehmung.

Die Rose erscheint der Elfe nicht als etwas, das Licht reflektiert, sondern als Quelle eines phosphoreszierenden Lichtes eigener Schöpfung. Nähert sich die Elfe der Rose, bemerkt sie viele Einzelheiten. An der Stelle, die wir als das Herz der Rose bezeichnen, sieht sie einen Lichtpunkt, von dem zarte Linien farbigen Lichtes ausstrahlen, die offensichtlich mit der physischen Struktur der Blütenblätter übereinstimmen. Vom Herz der Rose weg bewegt sich ein beständiger Lichtstrom entlang der Konturen der Blüte. Es gibt zwei Hauptströme. Die Pflanze selbst bezieht ihre Nährstoffe, das Wasser sowie Energie aus dem Erdreich, und all diese Stoffe steigen in einem so genannten „Verdauungsprozess" im Stiel hoch. Gleichzeitig nehmen Blätter und Blüten Sonnenenergie und Kohlendioxyd auf, wodurch der zweite Strom entsteht. Diese beiden Ströme sind mit auf- und abfließenden Lichtspiralen im Stiel des Rosenstrauches vergleichbar, und infolgedessen erscheint der Rosenstrauch der Elfe als Quelle leuchtenden, farbigen Lichtes – zarte Linien, welche heller sind als die gewöhnlichen braunen, grünen und weißen Strukturen des Strauches. Das Herz der Rose stellt das Energiezentrum der Blüte dar.

„Das Öffnen einer Knospe, das Wachsen eines Blattes, die erstaunliche Entfaltung der Schönheit einer Blume beinhalten Vorgänge, die das Begriffsvermögen der Chemie weit überschreiten, so wie wir zur Zeit den Unterschied zwischen Blei und Eisen, Wasser und Kohlensäure, Gravitation und Magnetismus

noch nicht wahrhaftig verstehen.
Ein Baum birgt größere Geheimnisse
kreativer Kraft als die Sonne, von der
alle Energie kommt. Eine Erde ohne Leben,
die Sonne und zahllose Sterne bergen
weniger Wunder als das Samenkorn einer
Resedapflanze.“)*

Beim Energieaustausch zwischen Sonne und Pflanze sowie Erde und Pflanze spielt die Elfe eine entscheidende Rolle. Sie vermag beide Ströme zu beeinflussen, besonders den Energiestrom der Sonne. Sie ist in der Lage, sie zu verzögern und zu beschleunigen und kann dort Energien hinzufügen, wo sie es für notwendig erachtet. Sie versetzt sich zunächst mit der Pflanze in Gleichklang, indem sie ihren Herzrhythmus der Pflanze anpasst. Sie verharrt und beurteilt, was sie zu tun hat. Dann begibt sie sich ans Werk. Sie springt und hüpft um die Pflanze und berührt sie mit ihren Lichtstrahlen, welche aus ihren Händen in die Energieströme der Pflanze fließen. Auf diese Weise trägt sie zum Pflanzenwachstum bei. Obwohl sie vorgenannten Aspekt im Auge behält, liegt ihre Hauptpflicht darin, der Pflanze unter den bestehenden Bedingungen zum größtmöglichen Wohlbefinden zu verhelfen.

Nachdem sie die ihrer Meinung nach harte Arbeit beendet hat, entfernt sie sich von der Pflanze, schlägt vor lauter Lebensfreude einen oder zwei Saltos in der Luft und vertreibt sich auf angenehme Weise die Zeit. Danach nimmt sie erneut ihre Arbeit auf.

Man mag fragen, ob Pflanzen ohne diese Hilfe wachsen würden. Ganz sicher ja, doch der Eingriff der Elfen (und was das betrifft, die Pflege der Menschen) machen den Unterschied zwischen kümmerlicher und prächtiger Pflanze aus.

---

*) J Arthur Thompson, An Introduction to Science, (Zitat von Kelvin), S. 150

Pflanzen wachsen aus innerem Lebens- und Fortpflanzungsdrang, was dem Hauptanliegen der Natur entspricht. Die Unterstützung der Elfen ist so wichtig für die Pflanze wie das Pflügen für das Kornfeld. Warum sollten wir den Erklärungen der Elfen keinen Glauben schenken? Sie wissen, dass ihre Arbeit eine wichtige Aufgabe darstellt und nehmen sie auf ihre Weise ernst. Eine Elfe fühlt sich für die Entwicklung der Pflanze verantwortlich und verspürt fast so etwas wie mütterlichen Stolz über ihre Leistung. Außerdem ist sie verpflichtet, Ergebnisse vorzuweisen, welche von einer ihr höher stehenden Elfe beurteilt werden, die in Zeitabständen erscheint, um festzustellen, wie die Dinge sich entwikkeln. Es ist erstaunlich, wie vielseitig diese Arbeit ist. Ich sah sogar in Treibhäusern Elfen, welche sich um die ganz winzigen Pflanzen bemühten. Es handelte sich um eine viel kleinere Art, doch die von ihnen verrichtete Arbeit entspricht der gleichen Ordnung.

Elfen verbringen viel Zeit beim Spiel und zwischen Spiel und Arbeit lässt sich schwer eine Grenze ziehen. Die Pflege einer Pflanze beinhaltet für die Elfe viel Spielerisches. Sie betrachtet das Ganze weniger im Licht der Pflicht als unter dem Aspekt des Spielerischen, was natürlich die Ernsthaftigkeit nicht mindert. Es gibt Varianten des Spiels im Elfenreich. Selbst während des Spiels ist sie aufgrund der von ihr ausgestrahlten Glückseligkeit für ihre Umgebung von Nutzen, was unter den Menschen und Lebewesen innerhalb ihres Einflussbereiches ein spontanes Glücksgefühl hervorruft, selbst bei denjenigen, die nichts von Elfen wissen.

Ihr Spiel umfasst Hüpfen, Springen, neugieriges Hineingucken in Vogelnester und ein Interesse an allen Erscheinungen des Lebens. Elfen kennen die Vögel und Tiere der Nachbarschaft persönlich und nehmen regen Anteil an ihrem Leben. Ihr Übermut ist sehr ausgeprägt und ihr Mutwillen kennt keine Grenzen. Zum Beispiel mag sich eine Elfe in das Gebiet einer anderen stehlen und man trifft sie dabei an, wie sie voller Ernst die ihrer Nachbarin zustehende Arbeit verrichtet, nur um übermütig von ihr vertrieben zu werden. Sie besitzen die Macht hypnotischer Suggestion über Tiere, was Kaninchen oder Eichhörnchen das Futter vermissen lässt, das sie sich gerade suchen wollten. Dabei handelt es sich stets um Spaß, und die Tiere fühlen sich nie verärgert. Gruppen von Elfen vermögen auf ähnliche Art in Wäldern, in geringerem Maße, Einfluss auf den Menschen auszuüben, doch im Allgemeinen kümmern sie sich nicht um ihn. Sie treffen sich in gewissen Zeitabständen und erzählen einander lustige Geschichten, und einzelne Gruppen von ihnen veranstalten Darbietungen zur gegenseitigen Unterhaltung. Ich weise nochmals darauf hin, dass eine Elfe nicht allein ihre Gestalt zu verändern vermag, sondern auch in der Lage ist, prachtvolle Gewänder anzulegen, indem sie vermittels ihrer Willenskraft und ihres Vorstellungsvermögens den dichten Teil ihres Körpers damit umhüllt.

Dieser Vorgang erfordert Anstrengung und Konzentration und dauert einige Minuten, ganz besonders, wenn es darum geht, die Form zu verändern.

Die gedachte Kleidung existiert so lange, wie die Elfe ihre Konzentration aufrechtzuerhalten vermag. Viele Elfen verfügen über ein unzureichendes Konzentrationsvermögen und können infolgedessen ihre Verkleidung nicht allzu lange beibehalten. Aufgrund von Konzentrationsmangel und fehlender Genauigkeit kommt es vor, dass Teile der Verkleidung fehlen, einzelne Gliedmaßen oder andere Körperteile. Dies verleiht ihnen oft ein lächerliches Aussehen. Wenn dieses Missgeschick noch übertrieben wird, erheitert es selbst die Elfen ungemein und ruft Fröhlichkeit unter ihnen hervor, da jeder Grund zur Erheiterung willkommen ist. Falls plötzlich aus Konzentrationsmangel eine von ihnen aus der Rolle fällt und in den ursprünglichen Zustand zurückgleitet, wird oft die ganze Vorführung eingestellt. Doch wenn die Vorstellung gut verläuft und sie eifrig bei der Sache sind, nimmt alles einen fröhlichen Verlauf.

In Australien beobachtete ich einmal ein solches Geschehen. Vier oder fünf Elfen spielten im Mondschein. Sie erzählten einander Geschichten, verkleideten sich und brachten Auszüge aus den Geschichten zur Aufführung. Eine Elfe war als König verkleidet. Sie hatte die Idee dazu indirekt über die Gedanken eines Kindes empfangen.

Sie war bestrebt, sich ein gewichtiges Aussehen zu verleihen und vollführte ausladende Gesten mit den Armen. Genau in dem Moment, in dem sie beabsichtigte, besonders viel königliche Würde auszustrahlen, vergaß sie ihre Krone und Königskleider und diese glitten von ihr ab, woraufhin die anderen sich vor Lachen bogen. Dieses Ereignis erinnerte einige unter ihnen an eine Grundsteinlegung der Freimaurer und sie versuchten, sie erneut nachzuvollziehen, indem sie in den Kleidungsstücken einherstolzierten, an die sie sich noch erinnern konnten. Zufällig kannte ich einige jener Freimaurer und fand die Karikaturen zu ihren Personen sehr überzeugend. Ein weiteres Vergnügen bedeutet es den Elfen, einer Reihe von Freunden eine selbst erfundene Geschichte zu erzählen. Der springende Punkt ist dabei, sie immer unwahrscheinlicher und wilder zu gestalten. Es beginnt so etwas wie ein „Wettbewerb der Vorstellung", bei dem es immer Heiterkeit erregende Episoden zu hören gibt, bei dem aber auch die ernsten Augenblikke nicht fehlen. Ich bin überzeugt, dass solch ein spielerisches Leben nicht die Zustimmung der ernsten und arbeitsorientierten Menschheit finden würde. Wir dürfen aber nicht vergessen, dass Elfen wie die Kinder ein überschäumendes Temperament besitzen. Sie lassen sich durch die öffentliche Meinung nicht einschränken; sie bewirkt eher das Gegenteil.

Kapitel IV

Das Leben der Elfen

Zwischen der Welt des Menschen und jener der Elfen oder der Engel besteht einer der Hauptunterschiede darin, dass der Mensch in der Welt der Form lebt, während sie in der Welt der Energie leben.

Unsere Gedanken umkreisen hauptsächlich die Form der Dinge und wir überschreiten selten diese Grenze. Bei den Elfen jedoch spielt die Energie und der Lebensfluss um und innerhalb der Form die entscheidende Rolle. Wenn wir zum Beispiel einen Baum betrachten, fallen uns seine Größe, Umrisse, Farbe, seine Blätter und Früchte auf. Diese Dinge machen zusammen seine Schönheit für uns aus. Denken wir darüber nach, müssen wir zugeben, dass es sich hierbei um eine sehr eingeengte Betrachtungsweise handelt. Im Gegensatz dazu wendet sich die Elfe zunächst an den Baumgeist und an seine Lebensenergie. Der Baum stellt für eine Elfe eine lebende und atmende Persönlichkeit dar, welche ihren Ausdruck in der für uns sichtbaren Form findet. Zwischen der Elfe und dem Baum existiert ein auf Gegenseitigkeit beruhender Gefühlsaustausch. Folglich verläuft das Leben der Elfen weniger eingeschränkt und so wesentlich vielfältiger als unseres. Wir Menschen werden durch die Begrenzungen unserer Sinne derartig eingeengt, dass wir aus reiner Langeweile über die entsetzliche Eintönigkeit der statischen Welt vorzeitig altern. Wir bringen den von uns geliebten Haustieren, wie Katzen und Hunden, Zuneigung entgegen; einige außergewöhnliche Menschen hegen sogar persönliche Freundschaft für Blumen und Bäume.

Doch die Beziehung zwischen Elfen und den sie umgebenden Geschöpfen ist so ganz anders. Da dieser Punkt wichtig ist, möchte ich näher darauf eingehen.

Unsere Welt setzt sich hauptsächlich aus scheinbar unbelebten Objekten und Dingen zusammen. Unsere Ignoranz bezieht sich nicht nur auf das Leben der Tiere, Pflanzen und Felsen, sondern auch auf die uns umgebenden Gegenstände, wie Stühle, Tische, Nahrungsmittel, Schreibmaschinen, Autos und Fernsehgeräte. Unsere Welt ist die Welt der Objekte. Eine Elfe empfindet ganz anders. Sie lebt in einer Welt, in der jeder Grashalm und jedes Blatt durch ihr Leben zu einem Abenteuer werden. In jener Welt findet nahezu alles im Rhythmus seinen Ausdruck. Das Gras ist pulsierendes Leben, der Baum ist ein Freund, und Blumen, Vögel, Insekten sind sozusagen die Kinder der Elfen. Die Elfe lebt in einer Welt der Leichtigkeit, mit Tausenden von Geschöpfen ohne physische Form.

Alles, vom Schmetterling bis zu den windbewegten Blättern, wird von der Fülle des Lebens durchdrungen. Die Welt der Elfen ist gleichzusetzen mit Energie, Bewegung und Gefühl. Selbst ein einziger Blick in das Elfenreich genügt, um dessen Einzigartigkeit zu erfassen. Es ist kein Reich der Oberflächlichkeit – mit Begrenzungen und Abtrennungen, mit abgegrenzten Bereichen und Identitäten – sondern ein Zustand, in dem alles auf überraschende Weise miteinander verfließt; nichts ist statisch, alles ist dynamisch.

Setzen wir unsere Ausführungen fort. Wie wir feststellen, besitzt die Elfe keine Haut. Sie erinnert mehr oder weniger an die Form einer Wolke. Würde man versuchen, sie zu berühren, würde man nichts finden, von dem zu sagen wäre: „Dies ist die Haut." Ihre Körpersubstanz verdichtet sich zunehmend, je weiter man auf das Innere stößt, aber man bemerkt keine Haut oder keinen Pelz, durch welche Abgrenzungen entstehen. So erscheinen der Elfe auch Bäume, das Gras und alles andere wie Lichtsäulen oder leuchtende Farbpunkte, die mit der Umgebung verschmelzen. In dieser Welt besitzen zwar alle Wesen eine Form, die sich aber durch den Einfluss des Willens beständig verändert, eine Form in die andere überfließend, leuchtend und durchsichtig.

Da die Elfe in einer Welt pulsierender Energie lebt, betrachtet sie alles als ihr Eigentum. Jene Welt ist weniger kompliziert als die unsere. Elfen sind weitaus größere Realisten als wir. Sie haben keine umständlichen und komplizierten Emotionen und Gedanken wie wir, da für sie der Begriff des Eigentums, der Angst oder des Neides nicht vorhanden ist. Sie hegen keine Illusionen, sondern verfügen über Scharfsinn und treffen den Kern der Sache. Es ist richtig, dass sie sich verkleiden und Spiele mögen, doch sie sind sich ihres Tuns voll bewusst. Das Spiel bedeutet ihnen Freude und dient nicht dazu, vor der bedrückenden Realität zu flüchten. Ihre Realitätsbezogenheit verleiht ihnen eine erstaunliche Direktheit. Sie haben nichts zu verbergen, und es gibt nichts, wovor sie sich verstecken müssten. Wenn ein Wald abbrennt, geben sie sich keinen Illusionen hin, sondern sie akzeptieren es. Sie nehmen die unangenehmen Ereignisse (von denen es vergleichsweise wenig gibt) ebenso wie die zahlreichen angenehmen Begebenheiten hin.

Des weiteren gibt es einen anderen bemerkenswerten Gegensatz zwischen Elfen und Menschen.

Wir verbringen unser Wachleben in einer physischen Welt, die zwar von unseren Vorstellungen und Gefühlen beherrscht wird, die aber andererseits auch wieder eingeengt und begrenzt ist. Für die Elfen ist die Materie jedoch kein Hindernis.

Die dichteste Substanz ihrer Körper ist immer noch feiner als unser dünnstes Gas. Ihr Körper ist ganz Gefühl. Wenn sie fühlen, vollzieht sich dies mit dem ganzen Körper. Dem Fühlen kommt in ihrem Dasein die größte Bedeutung zu. Abgesehen von einigen fortgeschrittenen Wesen, verfügen Elfen kaum über mentale Fähigkeiten. Ich will damit nicht sagen, sie seien unintelligent, doch sie müssen nicht um ihre Existenz oder sogar um das Glück kämpfen. Sie müssen sich nicht um Dinge sorgen, die die Härten des physischen Lebens ausmachen, wie Armut, Hunger, Durst und Unterkunft. Sie benötigen kein Geld, und es gibt niemanden, für den sie Verantwortung tragen. Folglich unterscheidet sich ihr objektives Denken von dem unseren. Es stimmt, dass sie in gleicher Beziehung zu den Engeln stehen wie die Tiere zum Menschen, und dass Tiere einfache Bedürfnisse verspüren und sich nicht so zielgerichtet wie der Mensch verhalten. Tiere sind jedoch von natürlichen Feinden, Elfen dagegen von Freunden umgeben. So verbringen sie jeden Tag in Freude und Glückseligkeit. Sie beschäftigen sich stets mit interessanten Dingen, und ihr Ziel liegt darin, die Fülle des Lebens zu genießen.

Sie wissen jedoch ganz genau, dass sie Teil einer Einheit sind. Darüber herrscht bei ihnen Gewissheit. Ihr Engel ist immer gegenwärtig, um sie zu leiten und zu höherer Entwicklung anzuregen.

Ihrem Schutzengel bringen sie Ehrfurcht und Verehrung entgegen (empfinden aber keine Angst). Ich befragte eines Tages eine meiner Elfenfreundinnen. Sie war die oberste Elfe, und ihr oblag die Aufsicht über ein bestimmtes Gebiet. Es war erheiternd, ihr Benehmen zu beobachten. Sie schwebte sofort einige Meter höher, um ihr Entzücken über die Gegenwart einer 'höheren Wesenheit' kundzutun, der sie ein Gefühl der Zuneigung entgegenbrachte.

Sie vollführte einige tiefe Verbeugungen, indem sie mit dem Kopf ihre Fußspitzen berührte, um damit der 'hohen Wesenheit' ihre Ehrfurcht zu erweisen.

Diese Episode beweist die Leichtigkeit ihrer Gefühle, selbst wenn es sich um Ehrfurcht handelt. Die Menschen besitzen ein Moralsystem, das sie eine fast verbissene Haltung gegenüber dem Leben einnehmen lässt, ein Moralkodex, der auf Regeln beruht und Angst vor Strafe beinhaltet. Dergleichen ist den Elfen fremd. Man könnte sie als Beispiel betrachten für die Worte Christi: „Schauet die Lilien auf dem Felde, wie sie wachsen: sie arbeiten nicht, auch spinnen sie nicht. Ich sage euch, dass auch Salomo in all seiner Herrlichkeit nicht bekleidet gewesen ist wie derselben eine." (Matth. 6, 28-29)

Unsere Maßstäbe für Recht und Unrecht lassen sich auf diese kleinen Wesen überhaupt nicht übertragen. In ihrer Welt gibt es weder Gut noch Böse, sondern nur Vollkommenheit und Schönheit. Darum ist jede Einzelne von ihnen um Schönheit und Vollkommenheit bemüht, und jede ihrer Handlungen ist einzig und allein darauf ausgerichtet.

Doch das Streben nach Schönheit bedeutet weder Kampf noch Mühe für sie, es stellt vielmehr einen beständigen Antrieb dar und bereitet ihnen große Freude. Ich glaube, die strahlende Freude der Elfen lässt sich teilweise auf ihr ständiges inneres Sehnen nach Schönheit und Vollkommenheit zurückführen. Man sollte sich die Elfen nicht als perfekte Wesen vorstellen. Es gibt bei ihnen auch kurzfristigen Ärger und Eifersucht, aber beides verflüchtigt sich schnell. Der Mensch mag durch negative Emotionen vergiftet werden, doch bei ihnen verbleiben keine Rückstände böser Regungen, die ihr Leben verdunkeln.

Wenn sie überhaupt etwas verwirrt, dann sind es ihre Gefühle gegenüber dem Menschen. Es ist richtig, dass in ihrem Reich ebenfalls Hässlichkeit herrscht, die in ihnen Abneigung hervorruft. Die „Wasserbabies" ziehen es zum Beispiel vor, den Gorillas ähnelnden Geschöpfen des tiefen Meeres auszuweichen, obwohl diese letztendlich Bewohner desselben Elementes und derselben Welt sind. Selbst wenn sie Abneigungen hegen, so fürchten sie nichts. Was allerdings den Menschen anbelangt, so gibt es bei ihm vieles, das ihr Begriffsvermögen übersteigt. Unsere Beweggründe erscheinen ihnen außerordentlich undurchschaubar, und sie können niemals unsere Reaktionen vorhersehen. Aus diesem Grunde betrachten sie uns mit einer gewissen Angst, zumal wir gegenüber der von ihnen geliebten Natur oft ein scheinbar sinnloses Verhalten von Grausamkeit an den Tag legen. Das Töten schöner Vögel und anderer Tiere, sowie ihr Leiden vor dem Tod, ruft bei ihnen Entsetzen hervor.

Ich habe gelegentlich Elfen beobachtet, die einander große Zuneigung entgegenbrachten; meist handelte es sich um Elfen der gleichen Art, z.B. zwei Wasser- oder Festlandselfen. Solche Paare trifft man immer zusammen – sie verrichten gemeinsam ihre Arbeit und sind überhaupt unzertrennlich. Es ist rührend, sie in ihrer Zuneigung zu beobachten; sie umfassen sich mit den Armen und erweisen so einander ihre Liebe. Sie besprechen zusammen ihre Arbeit, zeigen Interesse an Einzelheiten, und das Schönste ist für sie, miteinander zu spielen. Im Gegensatz zur Fortpflanzung der Tiere, werden Elfen durch Engel zum Leben erweckt. Deswegen gibt es unter Elfen, besonders auf den niederen und mittleren Entwicklungsstufen, keine Sexualität, sondern ergänzende Sympathie, d.h. die aktive Art von ihnen fühlt sich zu den passiven Elfen hingezogen. Zum Beispiel kann man auch von Sympathie zwischen einer Eiche und der daneben wachsenden Birke sprechen; dieses Gefühl unterscheidet sich von dem, das die Eiche für ihre Artgenossen hegt. Jedoch verläuft das Dasein der Bäume ruhiger als das der unbeständigen Elfen. Unter letzteren tritt mitunter Eifersucht in Erscheinung. Mir begegneten zwei Elfen, die sich mochten; sie brachten einer dritten Elfe Eifersuchtsgefühle entgegen, da diese zuviel Aufmerksamkeit für sich beanspruchte. Ich erinnere mich an einen Fall, in dem die Zweisamkeit zweier grüner Elfen durch das Auftauchen einer blauen Elfe gestört wurde. Eine der grünen Elfen kam zu mir und beschwerte sich darüber. Sie erwartete die ausschließliche Zuneigung ihrer Freundin und sandte eifersüchtige, grüne Gedanken aus, die ich sehr komisch fand. Im ersten Moment stolzierte sie herum, Zornesblitze von sich schleudernd, während im nächsten Augenblick etwas Angenehmes ihren Blick auf sich zog und sie ihre missliche Lage vergessen ließ, weswegen sie Luftsprünge vollführte, die ihre Freude ausdrücken sollten. Eine Elfe vergisst schnell ihren Kummer. Schließlich suchte sich der blaue Eindringling jemanden aus seiner eigenen Gruppe, und der Friede war hergestellt. Ich beobachtete auch, dass sie auf Menschen eifersüchtig sein können. In Australien hatte ich eine Elfenfreundin, der meine besondere Zuneigung gehörte und die ich „liebes kleines Wesen“ nannte. Ich erwähnte sie bereits in Kapitel II. Da ich sie sehr mochte, pflegte ich ausschließlich zu ihr zu sprechen. So geschah es oft, dass die Elfen um sie herum sehr eifersüchtig wurden, da ich sie anscheinend nicht zu beachten schien. Bei dieser Gelegenheit bückte sich eine kleine grüne Elfe und sah mich voller Zorn an. Sie war wütend, da ich sie und ihre Aktivitäten nicht beachtet hatte. Sie fühlte sich den Elfen ihrer Gruppe so überlegen, dass sie ein Wort des Lobes von mir erwartete. Sie besaß wahrlich eine gute Meinung über sich selbst. Oft bewunderte ich im Garten eine bestimmte Blume auf Kosten anderer, und die Elfen, welchen die Pflege des Gartens oblag, fühlten sich geringschätzig behandelt. Doch dauert eine solche Empfindung nie allzu lange. In dieser Beziehung erinnern sie an Tiere oder kleine Kinder, die ihren Kummer schnell vergessen.

Elfen sind manchmal nachdenklich. Wenn die Pflanzen, deren Pflege ihnen obliegt, nicht gedeihen, fühlen sie sich verunsichert, es regt sie zum Nachdenken an.

Ich möchte von einem Kaffeestrauch erzählen, der aus der Heimaterde Costa Ricas in den Garten einer meiner Bekannten in Kalifornien umgepflanzt wurde. Natürlich begleiteten die Elfen diesen Strauch aus Costa Rica nicht, und als er plötzlich im Garten stand, zeigten sich die dortigen Elfen verwirrt und wussten nicht, wie sie das Wachsen und Gedeihen des Strauches am besten zu unterstützen vermochten. Sie beriefen eine feierliche Versammlung ein. Der Strauch machte aber lange Zeit keine Fortschritte, was die für ihn sorgenden Elfen sehr beunruhigte. Schließlich fanden sie heraus, was zu tun war, und der Strauch erholte sich schnell wieder.

Wie ich bereits erklärte, steht bei den Elfen die Gefühlsebene im Vordergrund. Sie richten ihre Aufmerksamkeit größtenteils instinktiv auf die Dinge, die in ihrem Aufgabenbereich liegen. In ihrem Leben spielt statt des Denkens das Empfinden eine Rolle. Die ganze Welt – und natürlich ihre Körpersubstanz – sind Energie und Empfindung anstelle von Logik und Form. Während wir mit der Form und der Beherrschung physischer Dinge befasst sind, nimmt bei den Elfen das Empfinden den ersten Platz ein. Im Allgemeinen kann man von positiven Gefühlen sprechen, doch manchmal mag eine Elfe rebellisch werden, die Arbeit verweigern oder mit ihren Nachbarn streiten. Ich kann mich nicht erinnern, dass solches Benehmen bei einer ganzen Gruppe aufgetreten wäre.

Eine Elfe, die Schwierigkeiten bereitet, wird von den anderen gemieden. Einer meiner Bekannten beobachtete eine Elfe, die beständig mit ihrer Nachbarin stritt. Schließlich beschlossen ihr Schutzengel und ein weiterer Engel, sie an einen viele Kilometer entfernten Ort zu schicken. Sie ließ vorübergehend den Kopf hängen, kehrte aber bald wieder zu ihrem Zustand der Unbeschwertheit zurück. Solche Ereignisse müssen selten vorkommen, da ich selbst so etwas nie erlebt habe. Natürlich sind Elfen nicht an einen bestimmten Ort oder Garten gebunden; sie vollziehen ab und zu einen Ortswechsel. Dies ist für sie selbstverständlich und einfach. Ein Gartenbesitzer, der seine Bäume und Pflanzen liebt und eventuell auch ein Gespür für ihr inneres Leben entwickelt, zieht viel mehr dieser kleinen Wesen an als jemand, der diesbezüglich Gleichgültigkeit zeigt.

Alle Elfen mögen kleine Kinder, junge Kaninchen, Katzen, Fische oder Bäume. Jugend übt eine besondere Anziehungskraft auf sie aus; sie fühlen sich ihr in Sympathie und Lebensfreude verbunden. Kinder und alle kleinen (jungen) Wesen und Geschöpfe verhalten sich den Elfen gegenüber sehr aufgeschlossen.

Elfen mögen kleine Kinder, beobachten sie mit Interesse und Entzücken und versuchen sogar, ihre Spiele nachzuahmen. Das Gleiche gilt für Jungwild und junge Kaninchen. Sie werden von den Elfen beschützt, und ich denke, dass viele dieser Geschöpfe imstande sind, sie wahrzunehmen, da sie der Natur näher sind als wir und ihr Wahrnehmungsvermögen noch nicht abgestumpft ist.

Im Frühling beschützen sie jedes Wild, alle Kaninchen und Eichhörnchen, indem sie deren Instinkte entwickeln und fördern. Es ist rührend zu beobachten, wie sich die Elfen an den Sprüngen der Lämmer freuen. Zwischen beiden besteht eine freundschaftliche Beziehung. Eine der engsten Bindungen finden wir zwischen Elfen und Vögeln, vornehmlich jungen Vögeln. Sie sind bemüht, die Aufmerksamkeit der Vögel auf die Würmer zu lenken, die für den Garten einen Nachteil darstellen.

Die Unterschiede der einzelnen Elfen – Wasser-, Festlandselfen usw. – liegen auf bestimmten Interessensgebieten. Die allgemein übliche Beachtung, welche Festlandselfen den Menschen zollen, fehlt fast vollständig bei den anderen Arten. Vorgenannte wissen um unsere Unberechenbarkeit und nehmen uns gegenüber eine scheue und zweifelnde Haltung ein; die anderen hingegen verhalten sich entweder gleichgültig, neugierig oder sogar feindlich. Festlandselfen bewegen sich weniger von Gebiet zu Gebiet als dies bei Luft- und Wasserelfen üblich ist. In gewisser Weise besitzen Festlandselfen ein größeres Selbstvertrauen und größere Individualität. Der Unterschied zwischen Land- und Wasserelfen ist etwa mit dem Unterschied zwischen Land- und Wassertieren vergleichbar. Den Wasserelfen ist das Bedürfnis eigen, in größeren Gruppen aufzutreten, während die Festlandselfen in kleineren Gruppen leben und es unter den Festlandselfen beachtliche Persönlichkeiten gibt.

Eine Festlandselfe verfügt über größere Vorstellungskraft und ist bestrebt, die Handlungen des Menschen nachzuahmen, da sie den Menschen seltsam und erheiternd findet. Sie wissen, dass der Mensch ihnen an intellektuellen Fähigkeiten überlegen ist. Festlandselfen weisen sowohl hinsichtlich ihrer Reaktionen auf Gegenstände als auch im Verhalten zum Menschen Ähnlichkeiten mit ihm auf.

Die Empfindungen der Elfen, die die Oberfläche der Meere bewohnen, werden von jenem Rhythmus beherrscht, der eine so wichtige Rolle in ihrem Leben spielt und der hier im Rhythmus der Wellen spürbar wird. Jede Gruppe ist sich des Elementes bewusst, in dem sich ihr Leben vollzieht. Man könnte gewissermaßen sagen, dass die eine Gruppe ein „Wassergefühl" besitzt, die andere ein „Feuergefühl" usw. Der spezielle Charakter einer Gruppe kommt in der physischen Welt zum Ausdruck. Die Wasserelfen wirken z.B. mit den Wellen zusammen. Sie befinden sich, wie das Meer, in beständiger Bewegung, und so wie das Meer eine Einheit darstellt, so stellen auch Meereselfen eine Gesamtheit dar.

Für die Elfen der Seen gilt das gleiche wie für Meereselfen; bei den Flusselfen ist das Wasser die Basis ihrer Aktivität.

Salamander sind von menschlichen Einflüssen unabhängig. Feuerelfen strahlen etwas Reinigendes und Erfrischendes aus, was als besonderes Phänomen bezeichnet werden kann.

Da man ihr Element sozusagen als Tor zwischen zwei Welten betrachten könnte, scheinen sie sich selbst im Grenzbereich zu befinden, was ihnen den Zugang zu beiden Welten gestattet. Es ist nicht einfach, ihre Betrachtungsweise zu beschreiben. Das Leben ist für sie ein konstanter Energiefluss in die Form und aus der Form heraus, und so bilden sie das Herz der Naturkräfte.

Elfen haben, wenn überhaupt, nur eine vage Vorstellung von Gott, der (falls sie je darüber nachdenken) für sie den Grund des geordneten Universums verkörpert, in dem sie leben. Sie leiden nicht wie der Mensch, da der Lebenskampf, der größtenteils dessen Leiden bedingt, für sie nicht existiert. Sie leiden in geringem Maße, wenn es in ihrer Welt zu Fehlschlägen kommt, doch hierbei handelt es sich nicht um Leid, wie wir es kennen. Ich glaube nicht, dass sie Schmerzen verspüren, aber sie wissen um sein Vorhandensein, da sie ihn bei Tieren und anderen Geschöpfen wahrnehmen. Manchmal würden sie gerne menschliche Gestalt annehmen, wir wissen von entsprechenden Fällen, und sei es nur, um an unseren Sorgen und Schwierigkeiten teilzuhaben. Sie bewundern uns in vielerlei Hinsicht, und wenn wir ihre Existenz zu schätzen wüssten, würden sie gerne unsere Freunde werden.

Wie ich schon vorher sagte, wissen Elfen wenig von Gott, aber sie besitzen eine verschwommene Vorstellung von der Herrlichkeit der höheren Wesenheiten des Evolutionsplanes und hinsichtlich ihres eigenen Schutzengels, der für sie das weiseste und höchste Wesen auf der Welt ist.

Kapitel V

Erdelfen

Die Gruppe der Erdelfen ist so umfangreich und kompliziert, dass ich es sehr schwierig finde, ihnen in einem einzigen Kapitel gerecht zu werden. Ich hoffe, dass der Leser durch die Aufzählung der Hauptarten und die detaillierte Beschreibung einiger weniger Arten wenigstens einen allgemeinen Überblick gewinnt.

Ich möchte vorwegschicken, dass es vier Hauptarten von Elfen gibt, diejenigen auf der Erdoberfläche und die im Erdinnern, von denen sich jede Gruppe erneut aufteilt. Auf der Erdoberfläche sehen wir Elfen mit physischen Körpern; – unter ihnen dienen die Baumgeister als schönstes Beispiel – und solche ohne physische Körper, zu denen die Garten- oder Waldelfen gehören. Unter der Erdoberfläche (natürlich in gewissem Maße auch in der Erdkruste) gibt es weitere mit physischen Körpern: sie gehören zur Gruppe der großen, individuellen Felsen, entsprechen den Baumgeistern, sind jedoch weit weniger intelligent als diese.

In Zusammenhang mit dem Felsbereich gibt es Elfen ohne physischen Körper, die gemeinhin auch als Gnomen bekannt sind. Wir sprechen also von vier feststehenden Kategorien. Jedoch finden wir in der Erdkruste und auf der Erdoberfläche einen solchen Reichtum von untergeordneten Arten, unter denen eine Gruppe fast unmerklich in die andere übergeht und viele Zwischentypen, die gleichermaßen den Charakter der Erdoberfläche und des Inneren bestimmen.

Ich will an dieser Stelle Einzelheiten über die Felsenelfen berichten und auch über die Wesen, welche hauptsächlich unter der Erde leben und Gnomen genannt werden. In den beiden folgenden Kapiteln über die Garten- und Waldelfen werde ich auch die Baumgeister beschreiben.

Ich wiederhole, dass es eine solche Vielfalt unter den Erdgeistern gibt, dass jeder Versuch der Katalogisierung fehlschlagen muss. Wir beobachten kleine braune und goldbraune Wesen, die dem klassischen Gnom sehr ähneln, aber kräftiger und je nach Tätigkeitsbereich sowohl im Erdinnern als auch auf der Erdoberfläche anzutreffen sind. Ihre Gesichter sehen alt aus, und sie haben kleine perlenartige Augen. Streng genommen handelt es sich hier nicht um Gnomen, aber durch ihren weichen, Seehundfell ähnelnden Pelz könnte man sie mit ihnen vergleichen. Ihre markanten Kiefer erinnern an einen angedeuteten Bart. Das wollige, ihren Kopf bedeckende Material läuft an einem Punkt zusammen, so dass der Kopf einem Dreieck gleicht. Ihre Bewegungen wirken eckig, d.h. ihnen ist nicht die den meisten Elfen anhaftende Anmut zu eigen. Man sieht sie in Gegenden, wo die Erde mit mehr als nur kurzem Gras bewachsen ist. Sie leben in Gruppen und ähneln, da sie die Vibration der Erde mögen, Kaninchen. Manchmal treffen wir sie bei noch im Wachstum befindlichen Baumgruppen an, andererseits ähnelt ihre Tätigkeit derjenigen der Elfen, indem sie Pflanzen und Blumen mit Energieströmen versorgen, die sie ihnen direkt über die Wurzeln zuleiten.

Sie zeigen ebenfalls Interesse am Leben der Insekten, z.B. an Ameisen, Bienen und Würmern. Sie führen ein Leben in der Gemeinschaft, und die Verbindung untereinander ist ziemlich eng, da sie zusammen über ihre Arbeit sprechen und Neuigkeiten über die Elfenwelt außerhalb ihres Gesichtskreises austauschen. Sie gestalten im Allgemeinen ihre Zeit in angenehmer Manier und besitzen eine Schwäche für das „Verkleiden", indem sie voller Begeisterung voreinander auf- und abstolzieren, über sich selbst genauso wie über andere lachen und voller Fröhlichkeit herumhüpfen. Sie sind sehr fleißig und gehen ihrer Arbeit manchmal mit der ernsten Miene eines Geschäftsmannes nach. Sie leben zurückgezogen und mischen sich nicht unter die anderen Naturgeister. Sie interessieren sich sehr für die Vorgänge im Ameisenreich, wie auch für jene in der übrigen Insektenwelt und unterstützen alle nach besten Kräften. Sie gehören zu den ältesten Arten der Elfen und vielleicht sehen sie deswegen so alt aus. Daher mag auch ihr Sichfernhalten und ihr Gruppengeist herrühren. Sie betrachten die Menschen mit scheuer Neugier und stehen ihren Gewohnheiten verständnislos gegenüber; sie bringen der Menschheit kein besonderes Gefühl oder gar Zuneigung entgegen.

Weiterhin gibt es dunkelbraune, fast schwarze Geschöpfe, die tiefer in der Erde leben und etwa 60 cm groß oder größer sind. Sie sehen eidechsenhaft und unbeschreiblich eigenartig aus. Sie sind von niederer Intelligenz und leben wie Tiere zusammen. Die Fähigkeit des Denkens ist bei ihnen fast nicht vorhanden. Sie wirken geheimnisvoll, strahlen viel Kraft aus und befinden sich wie andere Elfen beständig in Aktivität.

Da sie so sehr in ihre Aufgaben vertieft sind und den Menschen keine Beachtung schenken, ist es praktisch unmöglich, sich mit ihnen zu unterhalten.

In einem späteren Kapitel werde ich noch von zwei im Grand Canyon anzutreffenden Arten sprechen: die eine ist purpur- und feuerfarben, etwa 60 - 90 cm groß, die andere braunrot gestreift und etwa 30 cm groß. Ich habe die größere Art nirgendwo anders angetroffen. Sie strahlen Fröhlichkeit aus, sind ungewöhnlich intelligent und besitzen ein größeres Konzentrationsvermögen als die meisten Elfen. Sie verhalten sich zielgerichtet und bemerkenswert bestimmt. Sie fallen durch eine ungewöhnliche Form auf, die an Fischflossen erinnert. Betrachtet man sie von vorne, erscheinen sie fast zweidimensional und normal proportioniert im Profil. Viele Elfen sind sowohl von der Vorderansicht als auch von der Seitenansicht schmal, doch diese Art erscheint von vorne sogar hager. Ihre Augen sind klein und stehen nahe zusammen, ihre Schultern und der allgemeine Körperbau zeichnen sich durch übermäßige Schlankheit aus. Betrachtet man sie im Profil, erscheinen sie normal proportioniert, obwohl ihre rotbraunen Gesichter lang und dünn sind. Ihre Arbeit ist seltsamer Natur. Sie dienen als Zentren magnetischer Ströme im Grand Canyon und verbreiten die Lebensenergie, die in sie einströmt. Die braunen und roten Elfen im Canyon dürfen eher als Gnomen bezeichnet werden, sowohl was ihre Erscheinung als auch was ihren Lebensstil anbelangt.

Ich bin nicht sicher, worin ihre Aufgabe besteht. Sie hat irgendetwas mit dem Wachstum zu tun, doch ich vermag nicht zu sagen, welche Art des Wachstums sich unter der Erdoberfläche vollzieht. Auf jeden Fall vollziehen sich die Veränderungen, an denen sie teilhaben, langsam. Sie selbst bewegen sich mit großer Bedächtigkeit. Sie sind alt und langsam, und ihre Arbeit erfordert große Geduld. Alle gnomenhaften Elfen, die mit Felsen und dem Erdreich zu tun haben, vermitteln den Eindruck als gehörten sie zu den ältesten Geschöpfen der Welt. Ein anderer verbreiteter Charakterzug der Gnome liegt in der Angewohnheit, sich in Gruppen oder Scharen zu bewegen. Sie lieben die Hitze, und sobald sie merken, dass es an der Erdoberfläche regnet oder kalt ist, verschwinden sie bald wieder im Erdreich.

Eine andere Art von Erdgeistern, die fast überall in Erscheinung tritt, ist klein, etwa 75 cm groß und von goldbrauner oder dunkelgrüner Farbe. Solche Elfen erinnern die Menschen wegen ihrer ziemlich langen Ohren und der Art durch die Gegend zu huschen an Mäuse. Eine Variante dieser Gruppe ist mit kleinen Teddybären vergleichbar, welche über der Taille hellbraun und darunter dunkelbraun sind. Sie sind fröhliche Wesen und von niederer Intelligenz. Sie bewegen sich auf zwei Beinen wie Mäuse, mit schnellen, ruckartigen Bewegungen. Sie sind gesellig, führen ein Leben in der Gemeinschaft und beschäftigen sich immer (wie sie meinen) mit wichtigen Dingen. Sie bewohnen die Erde in Waldgegenden, kümmern sich um das Moos und hausen gerne unter Baumwurzeln oder im hohen Gras.

Sie kümmern sich um die Versorgung aller Lebewesen mit Lebensenergie. Sie sind anziehende, freundliche kleine Wesen. Es ist ziemlich schwer, zu ihnen Kontakt aufzunehmen, da ihre Gedanken nicht sehr zielgerichtet und sie auch zu langsam sind, Gedanken zu empfangen. Haben sie mit Menschen zu tun, zeigen sie Ungeduld. In diesen Elfen finden wir volksbekannte Gestalten, da sie sehr an irische Kobolde erinnern.

Bei keinen dieser hier beschriebenen Elfen handelt es sich um wirkliche Gnomen, doch ihre Beschreibung vermittelt einen Eindruck der gewaltigen Komplexität und Vielfalt des Erdelfenlebens. Außerdem habe ich kaum etwas über die Vorgänge in der Erdkruste verlauten lassen. Die Erdkruste ist ein faszinierender Ort, und es gibt dort sicher noch mehr Wesen, als ich erwähnt habe. Viele von ihnen erscheinen uns eigenartig, ja sogar abstoßend, doch ich erachte es für unangebracht, mich über sie zu verbreiten, da sie wenig mit dem menschlichen Leben zu tun haben und wir im Allgemeinen nicht mit ihnen in Berührung kommen. Man vermag die Erde wahrhaftig als Mutter Erde zu bezeichnen – als Geburts- und Ursprungsort unzähliger Millionen von Wesen.

Gnomen hausen in der Nähe von oder unter Felsen. Sie gleichen den Gnomen der klassischen Märchen und sind klein, untersetzt und von graubrauner Farbe. Ihre Gliedmaßen weisen eine andere Farbe auf als ihr Körper; man möchte meinen, sie trügen ein Wams. Gewöhnlich ist der Körper dunkler als die Beine und Arme.

Die Füße sind groß, angedeutet und nicht ausgeformt, was den Eindruck erweckt, als steckten sie in angedeuteten Schuhen. Die Arme sind im Vergleich zum Körper lang und kräftig, mit ungeschlechten, wenig ausgeprägten Händen. Die allgemeinen Gnomenmerkmale werden an Gesicht und Kopf deutlich. Zwischen Nase, Augen und Mund befindet sich mehr Raum als beim Menschen, was dem Kopf ein flaches, schaufelähnliches Aussehen verleiht. Das Kinn ist außerordentlich lang und eckig und erweckt den Anschein eines Bartes. Man könnte meinen, sie trügen auf dem Kopf eine Mütze.

Neulich habe ich eine kleine Gruppe dieser Geschöpfe in einer Ansammlung riesiger Geröllblöcke studiert. Ich muss sagen, sie besitzen ein stolzes Aussehen und mögen keine Menschen. Sie kommen unter den Felsen hervor und starren jeden Eindringling an, um sich ein Bild von ihm zu machen. Man findet diese Wesen vor allem in Gegenden mit riesigen Felsen und wenig Vegetation. Sie identifizieren sich mit ihrer Umgebung. Wenn Menschen in Steinbrüchen graben oder Felsüberhänge entlang der Autobahnen wegsprengen, entfernen sie sich. Sie verlassen einfach den Ort. Warum auch nicht? Wenn riesige Kräne auffahren, um das Felsgestein auszuheben und später Autos die Straßen befahren, bietet sich keine andere Möglichkeit. So werden sie vom Menschen verdrängt.

Man sieht immer kleine Gruppen von vier bis fünf zusammen, da sie nicht solche Individualisten sind wie zum Beispiel die Gartenelfe. Sie besitzen entschiedene Vorlieben und Abneigungen. Ihre Intelligenz ist nicht sehr hoch entwickelt, und ihre Empfindungen sind einfacher Art.

Als ich sie das letzte Mal beobachtete, fand ich es eigenartig, wie diese Wesen sich zu mir hingezogen fühlten. Sie wussten, dass ich sie zu sehen vermochte und zu ihnen, wenn ich es versuchte, Kontakt aufnehmen konnte, doch gleichzeitig übten sie Zurückhaltung, da sie nicht von andersartigen Einflüssen gestört werden wollten. Die meisten Elfen mögen Neues, doch diese hier verspürten Abneigung gegen jeglichen Wechsel, jegliche Veränderung. Da sie sich von den meisten Elfen sehr unterscheiden, ist es aufschlussreich, sie zu beobachten. Es bereitet Freude, sich um ihr Vertrauen zu bemühen. Sie gewöhnen sich langsam, Schritt für Schritt, an jemanden und zeigen sich erst dann gewillt, einige wenige Ideen zu übermitteln, die das verborgene Leben der Gnomen betreffen. Es ist bezeichnend, dass sie Felsen als ihre Freunde und als Lebewesen betrachten.

Das Einzigartige ist dabei, dass sie Recht haben, da Felsen im wahrsten Sinne des Wortes Lebewesen sind. Sie sind zu schwachen Reaktionen fähig, so seltsam das auch klingen mag. Große, sehr alte Felsen entwickelten langsam im Lauf der Jahrhunderte eine 'Persönlichkeit', die auf grundlegenden Erfahrungen beruht. Wenn ich von Reaktionen spreche, so will ich damit sagen, dass ein Felsen dunkel Hinwendung oder Abneigung gegenüber einem Menschen verspürt, falls er diesen häufiger sieht, d.h. ein Felsen fühlt anstatt zu sehen. Falls ein Mensch wiederholt auf einem bestimmten Felsen Platz nimmt, so wird dieser Felsen Hinwendung oder Abneigung fühlen. Nicht jeder macht solche Beobachtungen, nur Menschen, welche Felsen mögen oder in Gedankenaustausch mit der Natur stehen.

In Australien widerfuhren mir verschiedene Erlebnisse mit Felsen. Ich fühlte mich schon immer zu ihnen hingezogen, so wie es mir auch mit Katzen und Hunden ergeht. Es gab in Sydney einen Felsen, auf dem ich oft zu sitzen pflegte und von dort den Ausblick auf den Hafen genoss. Der Felsen wusste, wann ich erscheinen und mich auf ihm niederlassen würde und strahlte (wenn ich es so formulieren darf) ein zartes Gefühl der Sympathie aus, ähnlich wie mein Hund, wenn er mich einige Wochen nicht gesehen hatte. Es war wunderbar, diese Reaktion zu fühlen, die mit den Schwingungen des Meeres und der mich umgebenden Bäume verschmolz und in mir den Eindruck tiefster Harmonie hervorrief. Als ich aufstand, war der Felsen traurig, da er nicht wusste, warum ich ging. Es war ergreifend, den Bemühungen des Felsens zu folgen. Man dachte an einen taubstummen Menschen, der versuchte, sich verständlich zu machen.

In den folgenden Abschnitten möchte ich dem Leser die Erfahrung eines Menschen vermitteln, der von diesen Dingen weitaus mehr weiß als ich. Einige der hier erwähnten steinernen Persönlichkeiten habe ich selbst gekannt. Der Schriftsteller verwendet den Ausdruck „ätherisch“ für die Substanz, aus welcher Elfenkörper bestehen und „astral“ in Bezug auf noch feinere Substanz. Die Ausführungen beziehen sich auf Felsen in einem großen Park in Australien. Der erste Felsen, von dem hier die Rede sein soll, befand sich am Ufer eines Flusses, eingebettet zwischen den Wurzeln eines großen Baumes.

„Es wurde eine Untersuchung über die Struktur dieses einfachen Wesens durchgeführt. Es stellte sich heraus, dass im Ätherkörper eine organische Anordnung vorhanden war, wenigstens bei diesem Felsen und vielleicht auch bei anderen, welche den Beginn eines psychologischen Organismus darstellt. Ein Felsen besitzt einen physischen Kristallkörper, einen Ätherkörper und beginnende Emotionen. Seine Granitstruktur ist für jeden Studenten der Gesteinskunde ein Begriff. Der Ätherkörper besteht aus ätherischer Substanz, umhüllt den Felsen und reicht über dessen Konturen in den Raum hinein. Der Astralkörper weist keine sonderliche Ausdehnung auf. Der Ätherkörper enthält, was lange unbekannt war, einen Kern, wie er auch in der Zelle und bei niederen Formen des Tier- und Pflanzenlebens vorgefunden wird. Dieser Ätherkörper besitzt einen speziellen Wert hinsichtlich der Speicherung von Erfahrungen und befähigt die Elfen, das Wachstum und die Entwicklung des Felsens zu fördern .... Man fand heraus, dass dem Felsen durch Handauflegen Energie übertragen werden kann, was er als angenehm empfindet und sich für ihn als nützlich erweist. Dies gilt für die Oberflächenbereiche des Felsens. Man entdeckte, dass, falls ein solcher Energiestrom in den Kern geleitet wurde, dieser sich über den ganzen Felsen ausbreitete, so wie sich die vom Menschen aufgenommenen Nährstoffe über die Blutbahn im ganzen Organismus verbreiten.

Es stellt keine Seltenheit dar, dass man unter Felsen 'Persönlichkeiten' antrifft.

Bei oberflächlichem Nachdenken sind wir auf drei weitere Fälle gestoßen und zweifellos könnte man noch viel mehr Beispiele finden.

Sie weisen unerwartete Unterschiede in der rudimentären Mineralintelligenz auf, von der sie belebt werden und man ahnt, dass dem geduldigen Forscher unbekannter Bereiche noch reiches Wissen zuteil werden kann.

Der bereits erwähnte Felsen zeigte freundliche Hinwendung soweit dies seine begrenzte Ausdruckskraft zuließ. Er bewies Zuneigung und Dankbarkeit, soweit dies im Rahmen seiner Möglichkeit lag. In ferner Zukunft mag er sich zu einem sozialen und ehrfürchtigen Wesen entwickeln, treu bis in den Tod. Vielleicht wird er Helden verehren, was ihn in Abhängigkeit vom Objekt seiner Bewunderung bringen mag.

Unser zweites Exemplar stand in entscheidendem Gegensatz zum ersten und lag am Rand einer alten, jetzt wenig befahrenen Straße. Anstatt auf menschliche Annäherung zu reagieren, wies er Menschen entschieden zurück, seine Haltung drückte ein unmissverständliches „kümmere dich um deine eigenen Angelegenheiten und lass mich in Ruhe" aus. Er war weniger entwickelt als der andere. Der Ansatz von Stärke und Kraft deutet auf seine Bestimmung zur Eisenstruktur hin – unabhängig von den eventuell existierenden Eisenbestandteilen seiner physischen Form – welche jedoch durch Egoismus und Gewissenlosigkeit beeinträchtigt wurde.

Diese Aussagen mögen phantastisch erscheinen, doch die Grundlagen waren so klar sichtbar, dass es nicht unmöglich erscheint, die Vorausschau auf zukünftige Blumen und Früchte in späterer Zeit auszudehnen. Uns fiel auf, dass ein beträchtliches Stück des Felsens beim Straßenbau verwendet worden war, was Anlass zu Überlegungen gab, ob sich seine menschenfeindliche Haltung darauf zurückführen ließ.

Ein dritter Felsen, der unsere Aufmerksamkeit erregte, lag auf der Kante eines hohen Gebirgskammes – in Haubenform überdachte er eine eigenartige kleine Höhle, die nur durch Kletteranstrengungen zugänglich war. Ein großes, rechteckiges Loch im Dach gewährte Zugang zur Höhle. Es drängte sich die Vermutung auf, als hätte man in früheren Zeiten diese ungewöhnliche Formation einmal für einen besonderen Zweck genutzt. – Ein flüchtender Wilderer, der den ihn verfolgenden, mit Speeren bewaffneten Wilden zu entkommen suchte, erblickte dieses Versteck, erklomm die Höhle wie ein Affe, nahm darin Zuflucht und entkam im Bruchteil einer Sekunde der mörderischen Gruppe der Verfolger; die annahmen, dass er in den Abgrund gestürzt sein musste. Diese dramatische Flucht stellte offensichtlich die größte Begebenheit in dem sonst eintönigen Dasein des Felsens dar, und sie hatte sich mit solcher Intensität und Klarheit in das Bewusstsein des Felsens eingegraben, dass bei dem Versuch, Zugang zu seinem Bewusstsein zu finden, er diese Szene sofort reproduzierte, genau wie ein Mensch, der eine überwältigende Erfahrung gemacht hat und sich nicht enthalten kann, zu passender und unpassender Zeit darüber zu berichten.

Es erschien vorübergehend unmöglich, noch mehr von ihm zu erfahren. Dann stellte sich heraus, dass er ein verschwommenes Bewusstsein von der Landschaft besaß, die sich vor ihm ausbreitete, obwohl man unmöglich behaupten konnte, er sah sie. Sie hinterließ schwache Eindrücke in ihm. Man konnte meinen, er fühlte sie und nahm die Veränderungen wahr, die darin stattfanden.

Der vierte Felsen offenbarte die ungewöhnlichste Geschichte. Er gehörte ebenfalls zu den großen haubenartigen Vorsprüngen. In der dortigen Höhle hatten in früheren Zeiten Menschenopfer stattgefunden, und es haftete ihr immer noch eine grauenvolle Ausstrahlung an.

Es ist einfach, alle diese entsetzlichen Szenen auf hellseherischer Ebene nachzuvollziehen, deren Zeuge jener Felsen wurde. Jedoch ist *es verwunderlich, dass keine Szene so deutliche Spuren hinterlassen hat wie die Fluchtszene im Bewusstsein des dritten Felsens. Man könnte sozusagen behaupten, dass er die Geschehnisse weniger gut „beobachtet" habe als der dritte Felsen. Andererseits ist jedes seiner Partikel von entsetzlichem Schrecken durchdrungen, dass keine Beschreibung dem gerecht werden könnte, so fest hat sich alles in sein Bewusstsein eingeprägt, so tief verwurzelt ist alles, dass es fast als Teil seiner selbst erscheint. Gleichzeitig liegt in allem eine grausige Freude – drückt sich eigenartiges und unbegreifliches Böses aus, für das es in modernen Sprachen keinen Namen gibt. Das Bewusstsein im Zusammenhang mit diesen Begebenheiten ist verschwommen – es gleicht einem langsamen und dunklen Traum unaussprechlichen Bösen. Man muss sich fragen, welche tragische Zukunft derartiges in sich birgt."*)*

Wie faszinierend ist doch die Erde, vergegenwärtigt man sich, dass viel mehr Leben besteht, als man vermuten würde. Vielen Lesern wird der Inhalt dieser Kapitel seltsam, vielleicht sogar unglaublich vorkommen. Vielleicht liegt eine der Ursachen des Altwerdens und der Langeweile darin, dass wir den Kontakt zu all diesen Dingen verloren haben, da wir das uns umgebende Leben nicht wahrzunehmen in der Lage sind und uns weigern, an die Existenz von Leben zu glauben, das wir nicht mit unseren Händen zu greifen und mit unseren Augen zu sehen vermögen. Unsere Wahrnehmung ist begrenzt, da unsere direkte Wahrnehmungsfähigkeit notwendigerweise genug sein muss, weshalb wir vorzeitig altern und das Leben eintönig finden.

Wenn wir zu glauben versuchen, uns für die Erfahrung dieser Dinge öffnen, die uns zunächst seltsam, ja sogar verrückt vorkommen mögen, erobern wir die verlorene Herrlichkeit der Natur erneut zurück, verbinden uns mit dem Lebensstrom und gewinnen die Jugend, die LEBEN schenkt, wieder.

*) C.W. Leadbeater, Fritz Kunz – Die Persönlichkeit der Felsen

Mir bedeutet diese verborgene Welt, die ich hier beschreibe – besonders meine Freunde, die Bäume, deren Geschichte noch zu hören sein wird, sowie die kleinen Wald- und Gartenelfen - viel mehr als ich auszudrücken imstande bin. Wenn der Leser die folgenden Kapitel nicht mit Geringschätzigkeit, sondern mit dem Versuch des Verstehens liest, und wenn er sich bemüht, mit dem Leben, das ich sehe und über das ich bestrebt bin zu berichten (sogar gegen „besseres Wissen"), in Berührung zu kommen, so wird er die Probleme des Lebens mit anderen Augen betrachten und zu neuem Glück finden.

Die Erde, auf der wir leben, ist voller bezaubernder und wunderbarer Wesen. Unsere Gärten, Wälder und die Berge werden von ihnen bevölkert, und wir befinden uns in einer Welt voller aufregendem Leben. Wenn uns dies wirklich bewusst wäre, besäßen wir das Geheimnis ewiger Jugend.

Kapitel VI

Gartenelfen

Unter den Wesen, die die Erdoberfläche bevölkern, gehören die Wald- und Gartenelfen – zu denen man auch die Baumgeister rechnet – zu einer der wichtigsten Arten. Um ein klares Bild ihrer speziellen Merkmale zu vermitteln, dürfte es das Beste sein, die Mitglieder jeder einzelnen Gruppe zu beschreiben: die der Garten- und die der Waldelfen.

Es gibt verschiedene Arten von Gartenelfen. Die kleinste unter ihnen besitzt die Form einer Kerze und sieht ziemlich weiblich aus. Sie können zwischen 22 - 30 cm groß sein, wobei der Kopf ziemlich lang ist. Dort, wo sich bei der Kerze die Flamme befindet, sehen wir hier ein menschliches Gesicht. Der Körper ist von einer hellen apfelgrünen Farbe und das Gesicht bräunlich. Sie besitzen wohlgeformte Beine und Füße. Diese Elfe kümmert sich um kleine Pflanzen und Blumen, die auf Beeten wachsen, wie Lobelien, und um kleine Pflanzen, die in Gruppen vorkommen. Sie reagiert kaum auf andere Geschöpfe und Ereignisse, die sich außerhalb ihrer unmittelbaren Welt vollziehen.

Sie verfügt über einfache Gefühlsregungen, ist jedoch imstande, Zuneigung oder Eifersucht für oder wegen ihrer Pflanzen und untereinander zu empfinden. In ihnen besteht ein Verlangen nach neuen Eindrücken, da sie durch diese am ehesten lernen. Man kann sie zu dreien oder zu vieren in jedem schönen Garten schweben sehen.

Unter den Tulpen und den ihnen verwandten Blumen finden wir eine Elfe, die etwa 30 cm groß ist, dem Menschen mehr ähnelt als die „Kerzenelfe" und deren Konturen von einer zarten Purpurfarbe umgeben sind. Einige von ihnen haben, wie Faune, zarte längliche Gesichter. Schon allein wegen ihrer winzigen Gestalt ist die Ähnlichkeit mit dem Menschen nicht allzu groß. Da sie so dünn sind, würde man eher an eine Karikatur denken. Ihre Gliedmaßen sind mit denen des Menschen zu vergleichen, doch auch hier fällt die Unvollständigkeit der Hände und Füße auf. Man beobachtet eine Vielzahl von Fingern und Zehen und manchmal erinnern ihre Hände eher an die Pfoten von Katzenjungen. Ihre Gestalt wird von einer durchscheinenden, phosphoriszierenden Substanz in schönen rosa und zartpurpurfarbenen Schattierungen umgeben.

Es gab in jenem Garten, von dem hier die Rede ist, einige wunderschöne Stiefmütterchenbeete. Um sie herum schwebten liebliche, zarte, schmetterlingsähnliche Wesen. Sie waren winzig, nur einige Zentimeter groß und hatten fast Gesichter wie die Stiefmütterchen selbst. Ihre Körperform erinnerte an einen Schmetterling oder eine Libelle ..... sie war torpedoähnlich und schmaler als das Gesicht.

Der Körper und der Kopf ergeben zusammen eine Größe von etwa 10 - 12 cm, wovon der Kopf etwa 3 cm groß ist. Am Hals entspringen zwei flügelartige Gebilde, die sich über den ganzen Körper erstrecken, jedoch nicht die Funktion von Flügeln erfüllen, sondern allein Dekorationszwecken dienen. Der Körper und das Gesicht sind fleischfarben, mit zartvioletten, violetten und purpurfarbenen Tönungen. Die Flügel tragen eine ähnliche Farbe und sind bunt und glänzend. In der unsichtbaren wie auch in der sichtbaren Welt spielt das Gemeinschaftsleben eine Rolle, und wo immer sich ein Blumenbeet befindet, trifft man nicht nur Schmetterlinge, sondern auch Elfen.

Wir kommen nun zur Beschreibung der Gartenelfe, die in vielerlei Hinsicht den wahren Elfentyp verkörpert. Sie entspricht dem, was die Leute unter einer Elfe verstehen, wenn sie sich auf das

Elfenreich beziehen. Sie wurde bereits in Einzelheiten, als typische Elfe, im dritten Kapitel beschrieben. In diesem Garten treten einige ziemlich große Elfen in Erscheinung, die zwischen 45 - 60 cm groß sind und in vielerlei Beziehung im Aussehen dem Menschen ähneln. Sie haben eine Nase, zwei Augen, einen Mund, sogar Ohren und Haar wie Wolle, das im Allgemeinen dunkelbraun wie die Rinde der Bäume ist. Ihr Gesicht, wie auch das der anderen Elfen, besitzt andere Proportionen als das menschliche Gesicht, da Nase und Augen weiträumiger angelegt sind, was ihnen einen überraschten Ausdruck von Neugierde verleiht. Tatsächlich sind alle diese Elfen außerordentlich neugierig.

Das Fehlen von Augenlidern und Augenbrauen mutet auf den ersten Blick seltsam an. Ihre Gesichter sind von goldbrauner Farbe und der Körper ist in nicht verkleidetem Zustand smaragdgrün und erinnert an die hellgrünen Käfer, die man mitunter im Frühling zu Gesicht bekommt. Ihre Hände und Füße entsprechen den unseren, wenn auch die Form letzterer dreiecksartig ist. Sie bieten wahrhaftig einen angenehmen Anblick. Während ich sie beobachtete, umschwebten sie die Lilien. Da sie von allen Wesen im Garten die am weitesten fortgeschrittenen Elfen sind, obliegt ihnen die Aufsicht über die weniger entwickelten Geschöpfe.

Der kleine Teich im Garten beherbergte seltsame Wesen, welche ich mangels eines passenden Namens „Quellenelfen“ nennen möchte. Er wird von mehreren Quellen gespeist und an den Stellen, an denen das Wasser aus dem Erdreich sprudelte, sah ich eigenartige, lange quallenfarbige Geschöpfe mit einem bläulichfarbenen, wenig ausgeformten Kopf, der ohne Andeutung eines Halses sofort in einen bläulichen Körper überging. Der Körper läuft in zarte, kaum noch wahrnehmbare, rankenähnliche Gebilde aus, die sich bis in die Erde hinein erstrecken. Obwohl sie im Wasser leben, beziehen diese Elfen ihre Lebensenergie aus der Erde. Es ist offensichtlich, dass das Quellwasser eine Art stärkende Frische besitzt, welche ihnen als Lebensquelle dient. Die „Quellelfen“ tanzen an der Stelle auf und ab, an der das Wasser der Erde entspringt, wobei ihre Köpfe aus dem Wasser herausragen.

In einem kleinen, verglasten Treibhaus stieß ich auf Elfen des Schmetterlingstyps, die um 2 - 5 cm größer waren als die anderen ihrer Art, menschenähnlich aussahen, doch ansonsten keine weiteren Unterschiede aufwiesen.

Anscheinend hatten sich diese Schmetterlingselfen nach gewisser Zeit des Treibhausaufenthaltes darauf spezialisiert, das Wachstum der Pflanzen zu beschleunigen. Sie sind zarte und feine Wesen.

Es gibt andere Wesen, die das Gartenleben in seiner Vollständigkeit ergänzen – die Bäume. In der Mitte des Gartens stand zum Beispiel ein großer, schöner einzelner Hickorynussbaum. Die Ansammlung von Lebenskraft in den lebenden Zellen des Baumes macht das Leben jenes Wesens aus, das uns als Baumgeist bekannt ist. Dieser Baumgeist ist nicht immer sichtbar, er erscheint nur, wenn er es für richtig hält. Jedoch vermag das Bewusstsein des Baumes gelegentlich nach außen zum Ausdruck zu kommen und Form anzunehmen. Diese Form wiederum ähnelt der menschlichen Erscheinung, gleicht aber eher dem verlängerten Schatten eines Menschen und ist sehr lang und dünn. Einige dieser Baumgeister sind ausgeprägte Individuen, die Mehrheit aber unterscheidet sich wenig voneinander. Dieser alte Hickorynussbaum war ein prächtiger Baum. Nahm der Baumgeist Gestalt an, so sah er aus wie ein großer Indianer mit brauner, borkenähnlicher Haut, kräftiger Nase, wenig erkennbaren Haaren und zwei schwarzen, stecknadelkopfartigen Augen. Man konnte ihn nicht unbedingt schön nennen, aber er verfügte über Charme und war überaus fröhlich und freundlich. In gewisser Weise vermittelte er den Eindruck eines heiteren, weisen alten Mannes mit schrulliger Persönlichkeit.

In der Morgendämmerung geht es im Garten geschäftig zu, da zu dieser Zeit der Erde ein besonderer Segen zuteil wird – man verspürt förmlich die erwachende Energie. Die Elfen empfangen diese Energie und leiten sie weiter. In der Dämmerung beenden sie ihr Spiel, um erneut ihre Arbeit aufzunehmen. Sie haben von der Sonne die Vorstellung eines riesigen, lebensspendenden Lichtballes, der die Quelle allen Lebens ist, da sie ihre Energie vor allem durch die Sonnenstrahlen beziehen. Sie scheinen die Sonnenstrahlen in sich einzusaugen; und dieser Vorgang ist noch am ehesten mit dem der Nahrungsaufnahme zu vergleichen. Abgesehen von der Energie, die sie zur Erhaltung ihres eigenen Körpers benötigen, leiten sie die Sonnenenergie den Pflanzen zu.

Elfen haben ein gutes Verhältnis zu Bäumen. Sie betrachten sie als Kameraden, die nicht so weit entwickelt sind wie sie selbst, deren Vorzug aber in ihrer Festigkeit liegt. Sie lieben Bäume und erachten sie als wertvoll, fühlen sich ihnen aber gleichzeitig überlegen, da sie fest auf einer Stelle stehen.

Elfen zeigen Tieren gegenüber freundliche Anteilnahme. In diesem Garten gab es einige Pfeifenten, Enten und weiße Schwäne, deren Posen die Elfen mit Entzücken erfüllte. Es existiert eine enge Bindung zu diesen Vögeln, und die Elfen bewegen sich frei unter ihnen. Elfen haben etwa zu Vögeln ein ähnliches Verhältnis wie wir zu Hunden, abgesehen davon, dass sie sich mit ihnen auf gleicher Stufe stehend betrachten.

Sie helfen ihnen nach bestem Vermögen und nach besten Kräften. Die Vögel reagieren darauf, denn wie die meisten Tiere vermögen sie Elfen zu sehen.

Der Haushund, ein großer Airedale, lag gelegentlich halb-schlafend im Garten und ließ Geräusche des Wohlbehagens vernehmen, ein Wohlbehagen, das vor allem mit dem Einsammeln von Knochen und dem Aufwühlen des Gartens zusammenhing. Dieses Wohlbehagen drückt sich durch eine zartrosa Farbe aus. Gelegentliche Anwandlungen der Aufregung erscheinen rot und das Grün als Ausdruck der Eifersucht wird sichtbar, wenn er derartige Gefühle der Hauskatze entgegenbringt. Gelegentliche Spuren von Blau künden von seiner Ergebenheit gegenüber seinem Herrn oder seiner Herrin.

Besonders interessant findet er die Gesichter der Faune. Im Allgemeinen kümmern sie sich kaum um ihn, aber ich bin sicher, der Hund sieht einige von ihnen, wenn auch nicht alle. Er betrachtet sie als Selbstverständlichkeit. Wenn er zu ungestüm wird und darauf aus ist, mit ihnen seine Possen zu treiben, gehen sie auf Distanz. Ich vermute, dass Elfen einem Hund als verschwommene, weit entfernte Wesen vorkommen. Sie zeigen sehr viel Mitgefühl oder Mitleid, wenn Tiere sich freuen oder traurig sind, und vor allem Lebensfreude, die ein wesentliches Merkmal der Elfen darstellt. Es interessiert sie auch, wenn junge Enten nach dem Brüten ausschlüpfen. Solche Begebenheiten finden größere Beachtung als das tägliche Leben der Tiere. In anderen Worten: Sie schenken allem Beachtung, das mit den kreativen Prozessen in der Natur zu tun hat und an denen sie ebenfalls teilhaben. Aus diesem Grund verläuft das Leben der Gartenelfen im Frühling anders als zu anderen Jahreszeiten.

Elfen bringen den Menschen Aufmerksamkeit entgegen. Sie schenken den Besitzern des Gartens beim Entenfüttern Beachtung, da sie sie als ihnen überlegen ansehen. Oft jedoch tolerieren sie sie nur aufgrund ihrer Andersartigkeit. Trotzdem besteht Interesse und sie beobachten die Menschen, um sie zu verstehen. Die Familie hier akzeptiert die Existenz der Elfen, was diese mit freundlichen Gefühlen belohnen, doch meistens wissen Menschen nichts von ihrem Dasein. Die Elfen sahen uns hier immer von den verschiedenen Sträuchern aus an, um dann wieder zu ihrer Arbeit zurückzukehren und nahmen unsere Anwesenheit als Selbstverständlichkeit hin.

Sie liebten das kleine Baby, das im Garten spielte. Ein Baby ist ihnen verwandter als andere Menschen. Ein Kind handelt spontan und natürlich, was den Elfen sehr gefällt, und deswegen bringen sie ihm Zuneigung entgegen.

Wie bereits erklärt, nehmen die Elfen in der Morgendämmerung ihre Arbeit wieder auf. Sie beginnen den Tag mit einer Zusammenkunft, anlässlich welcher sie über ihre Arbeit sprechen und ihre Freude in die Welt verströmen. Sie sind so glücklich, und alles erscheint ihnen voller Herrlichkeit. Sie mögen die Schwingung, die der Tau auf den Blättern von den Pflanzen empfängt und sehen wie die Gräser und Blumen dem anbrechenden Tag mit Freude entgegen. Jede Elfe hält sich in der Nähe der Pflanzen auf, deren Pflege ihnen obliegt und ist bemüht, jegliches „Unwohlsein“ sofort zu entdecken und Abhilfe zu schaffen, so wie ein Arzt, der nach seinen Patienten schaut. Diese Betreuung erfolgt nicht mit ernster Miene. Elfen umschweben die Blumen, wenn diese gut gedeihen und sie mehr als zufrieden mit ihnen sind. Sie tun ihre Gefühle kund und verweilen oft bei einer Blume, umhegen und pflegen sie, so als ob sie ihr Baby wäre und schenken ihr viel Zuneigung. Es ist bezaubernd, dies anzusehen. Selbstverständlich sind sie nicht den ganzen Tag damit beschäftigt, da sie sich ab und zu gerne von der Arbeit zurückziehen.

Wenn sie Lust dazu verspüren, unterbrechen sie ihre Arbeit und veranstalten Zusammenkünfte, die vom Gefühl der Lebensfreude getragen sind.

Sie befinden sich ständig in Bewegung. Um die Mittagszeit legen sie eine Pause ein und entfernen sich; erst am Abend ruhen sie sich von der Arbeit aus. Dann versammeln sie sich oft, und diese Zusammenkünfte sind getragen von einem Gefühl der Freude. Manchmal ruhen sie in der Nähe einer ihrer Lieblingsblumen – sie ruhen ohne zu schlafen.

Ich denke, es ist mir gelungen, durch vorgenannte Beschreibung das Elfenleben eines typischen Gartens anschaulich zu verdeutlichen. Natürlich finden wir in den großen Gärten in den Ländern der Tropen und ganz besonders in den Versuchsgebieten des Gartenbaues eine große Vielfalt von Elfen. Ein Garten offenbart, durch die Sinne erweiterter Wahrnehmung gesehen, bezaubernde Elfenschönheit, welche bei weitem die der Blumen, Pflanzen und Vögel übertrifft, mit denen wir vertraut sind. Die schwebenden Gruppen der „Kerzenelfen“, die Anmut und die schimmernden Farben der „Schmetterlingselfen“ sowie das fröhliche Tun und die Heiterkeit der Gartenelfen machen den Garten zu einem Wunderland. Wir dürfen wahrhaft sagen, dass das Elfenleben die Krönung und Vollkommenheit jeden Gartens darstellt und ihn zu einem Ort des Friedens und der Erholung werden lässt. Es macht die Elfen glücklich, mit dem Menschen Hand in Hand zu arbeiten, ihn dabei zu unterstützen, einen Ort der Schönheit zur gemeinsamen Erbauung zu schaffen.

Wenn nur mehr Menschen davon wüssten, wie sehr das Elfenreich bestrebt ist, zu Diensten zu sein, wären Gärten viel häufiger ein Teil des Himmels auf Erden als es bislang der Fall ist.

Kapitel VII

Baumgeister

Wir verlassen die uns vertrauten Gärten mit den kleineren Pflanzen und wenden uns dem Wald zu. Es sei betont, dass Bäume von unseren Vorstellungen abweichen. Sie sind genau wie wir Lebewesen, besitzen allerdings einen geringeren Grad von Bewusstsein und reagieren auf Sinnesreize nicht so schnell, wie wir es tun. Wie ich schon sagte, befindet sich im Baum der Baumgeist, der ihn mit Lebensenergie versorgt. Es gibt keinen Baum, und wäre er noch so klein, ohne einen Baumgeist; der Baumgeist wächst mit dem Baum und hört nach dessen Absterben zu existieren auf. Wenn er es für richtig hält, kommt der Baumgeist aus dem Baum heraus und nimmt dann gewöhnlich eine mehr oder weniger menschliche Gestalt an.

Innerhalb des Baumes ist seine Gestalt praktisch unsichtbar. Er nimmt nur außerhalb des Baumes Form an. Den meisten Baumgeistern ist eine große, bräunliche Gestalt eigen, die etwa den ersten Zeichnungen gleicht, die ein Kind vom Menschen anfertigt – viereckig, etwas dick, mit kleinen Augen, einer Nase, die der Vorstellung eines Kindes entspricht und schwarzen, faserigen Haaren – alles in allem eine Form, wie sie in wenigen groben Linien von Kinderhand zu Papier gebracht wird. Selbstverständlich handelt es sich hierbei um eine sehr allgemeine Beschreibung der Baumgeister.

Die Baumgeister der einzelnen Bäume, wie Eichen, Pinien, Birken usw., weisen unterschiedliche arttypische Merkmale auf, und einige Bäume scheinen mehr Persönlichkeit zu besitzen als andere, so wie es auch für den Menschen zutrifft.

Gewisse Bäume sind einzigartige Individuen, während andere sich nur unwesentlich voneinander unterscheiden. Der Großteil des Wirkens der Baumgeister vollzieht sich, während sie sich im Baumkörper (Stamm) befinden. Sie sehen nach dem Baum und überwachen seine Energieströme. Diese Vorgänge sind gleichzusetzen mit der Erhaltung des menschlichen Körpers, jedoch bezieht der Baum seine Nährstoffe aus der Erde, dem Wasser und der Luft. Sind diese gut und in ausreichendem Maße vorhanden, wächst und gedeiht der Baum und der Baumgeist ist glücklich. Seine Zufriedenheit wirkt sich wiederum auf die chemischen Abläufe innerhalb des Baumes aus und verhilft ihnen zu größerer Wirksamkeit. Es ist wie bei einem Menschen, der seine Mahlzeit in Ruhe einnimmt und mit Wohlbehagen verarbeitet, was wiederum die Verdauung anregt, wiewohl Unruhe und Sorgen sie beeinträchtigen – obwohl ein Baum natürlich keine Sorgen kennt. Wenn der Baumgeist in gewissen Zeitabständen zum Vorschein kommt, geschieht dies aus mehreren Gründen. Er mag z.B. einen Menschen erblicken, dem seine Zuneigung gilt und herauskommen, um ihn näher anzusehen und seine Zuwendung auszudrücken. Saß ich unter einem Baum, geschah es oft, dass der Baumgeist erschien, um seine Sympathie zu zeigen. Dies geschah in zarter Manier, und er mag einem mitunter sogar einige Meter folgen. In der Nacht erübrigen die Baumgeister mehr Zeit und Gelegenheit für das Gemeinschaftsleben.

Sie alle kommen aus den Bäumen heraus, und wenn der Mensch, dem ihre Zuwendung gilt, sich gerade im Haus aufhält und der Baum nicht allzu weit davon entfernt steht, beginnt der Baumgeist, ihn zu suchen.

Ich glaube, dass die Leute sich deswegen des Nachts im Wald fürchten, da alle diese Wesen aus ihren Bäumen herauskommen und man das Gefühl hat, von unsichtbaren Präsenzen umgeben zu sein. Vielen Leuten scheint es, als ob tausend Augenpaare sie ansehen würden, was tatsächlich der Wahrheit entspricht. Ich glaube nicht, dass Baumgeister jemandem im Wald Schrecken einjagen würden, doch ihre Schwingungen sind so anders als unsere, dass uns die Gänsehaut über den Rücken läuft.

Ein Baum vermag auch Abneigung für jemanden zu empfinden. Ich erlebte einen solchen Fall als kleines Mädchen. Ich kann mich nicht für alle Einzelheiten der Geschichte verbürgen und alles bezeugen, doch mir war der Baumgeist, dem diese Geschichte zugeschrieben wird, wohlbekannt. In einem Garten auf Java stand ein alter Baum, dessen Zweige ein Haus gefährdeten. Einige Javanesen wurden dazu bestimmt, die Zweige abzuschneiden. Jedes Mal, wenn jemand zu diesem Zweck den Versuch unternahm, auf den Baum oder das Dach zu klettern, verletzte er sich – entweder brach er sein Bein beim Sturz oder verrenkte sich den Arm. Aufgrund all dieser Vorfälle weigerte sich bald jeder, die Zweige abzuschneiden, mit dem Ergebnis, dass der Baum unversehrt blieb. Man führte die Unfälle auf den bösen Einfluss des alten Kashmir-Nussbaumgeistes zurück.

Ich kann bestätigen, dass ich als Kind nicht gerne unter jenem Baum spielte, obwohl ich gleichzeitig von dem starken und mächtigen Baumgeist fasziniert war. Er mochte Menschen ganz und gar nicht, da er sich an Zeiten erinnerte, zu denen er von Bäumen und nicht von Häusern umgeben war. Er lastete den Menschen seine Abgeschiedenheit und Einsamkeit an. Wenn er sich gegen die Menschen wandte, sah er fast wie ein dünner, graugesichtiger, riesengroßer Affe aus – vielleicht 4,50 Meter groß. Innerhalb des Baumes war er noch größer, da es scheint, dass der Vorgang der Körperverdichtung außerhalb des Baumes die Substanz eines Baumgeistes konzentriert.

Im Allgemeinen hegen Bäume für die Menschen Zuneigung. In dieser Hinsicht unterscheiden sie sich erheblich von Gartenelfen. Sie sind genauso treu wie Hunde, aber würdevoller. Diese treue Hinwendung beruht wahrscheinlich auf dem Zustand des Verwurzeltseins. Solch eine Zuneigung widerfuhr Dutzenden von Menschen, die sich dergleichen nicht zu erklären wussten.

Wir waren in einer kalifornischen Schule zu den Aufführungen der Abschlussklasse eingeladen. Die Zuneigung des Baumgeistes kann außer von mir noch von jemand anderem bezeugt werden und widerfuhr Dutzenden von Menschen, die sich das Ganze nicht erklären konnten.

Die Kinder führten ein Stück über Elfen auf. Ein Mädchen, das gerne zur Schule gegangen war, spielte die Rolle des Baumgeistes einer tatsächlich existierenden Eiche. Sie sprang hinter dem Baum hervor, um den Anschein zu erwecken, sie käme aus seinem Inneren und wandte sich an den Baum, der ihr Zuhause war, mit Worten der Zuneigung. Als sie die Worte „lieber alter Baum“ aussprach, äußerte sie diese mit voller Aufrichtigkeit und Ausdruckskraft, da sie die Schule verließ. Diese Worte fanden Anklang beim Baumgeist, da das Stück von Elfen handelte, von Kindern aufgeführt wurde und die Zuschauer sich darauf eingestimmt hatten.

Er antwortete, indem er mit stürmischer Zuneigung aus seinem Baum hervortrat, so dass das ganze Publikum bewegt reagierte. Vielen Leuten traten die Tränen in die Augen, sie wussten aber nicht warum. Dieser Fall beweist die Gefühle der Hinwendung seitens der Bäume gegenüber dem Menschen, wenn dieser den Bäumen mit einer entsprechenden Haltung begegnet. In diesem Fall nahm der Baumgeist das Aussehen eines großen, liebevollen Wesens an. Was für ein Gegensatz zum Baumgeist im Kashmir-Nussbaum!

Die Unterschiede zwischen den verschiedenen Gruppen der Baumgeister sind nicht so ausgeprägt wie die, sagen wir, zwischen den einzelnen Hunderassen. Ich beschrieb bereits den Baumgeist eines Hickorynussbaumes, und es mag für den Leser aufschlussreich sein, etwas über den Baumgeist einer Eiche, Pinie und Birke zu erfahren.

In einem kleinen Wald fiel mir eine prächtige Eiche auf, ein Baum, dessen Baumgeist etwa 4,50 Meter groß war und der menschliche Züge westlicher oder europäischer Prägung trug. Sein Gesicht war oval und ebenmäßig zu nennen, er hatte ein angenehmes Äußeres und glich ziemlich dem Menschen. Er war von dunkelbrauner Farbe und hatte schwarze Haare.

Baumgeister sind dünn und erinnern an verlängerte Burne-Jones Figuren.*) Ihre Farbe ist von etwas dunklerer Tönung als die der Baumrinde, etwa graubraun. Sie haben braune Haare und nebelgraue Augen. Sie besitzen ein sanftes Wesen, ihre Bewegungen erfolgen schnell und fließend und erinnern an das Wiegen von Birkenblättern im Wind.

Ich beobachtete noch niemals Baumgeister, die nicht bis zu einem gewissen Grad eine braune Tönung aufwiesen, obwohl es hier viele Variationen vom Rotgold der Redwoodbäume bis zum Graubraun der Birke gibt. Offensichtlich stellt Braun die Grundfarbe dar, doch es besteht auch eine Beziehung zwischen der Farbe der Rinde und der Tönung des Baumgeistes der einzelnen Bäume – seine Farbe hängt wahrscheinlich mit der der Baumfaser und der Rinde zusammen.

Der Baumgeist der Pinie ist eine dunkle Erscheinung mit eckigen Zügen; er ist an vielen Körperstellen dunkelgrün. Er vermittelt den Eindruck von Offenheit und Ehrlichkeit und verbreitet eine Atmosphäre der Harmonie. Er ist nicht sehr groß – dieser hier erreichte vielleicht eine Höhe von drei Metern – sah kraftvoll und mächtig aus und hatte schwarze Haare und Augen. Er entfernte sich bedächtig vom Baum und blickte in durchdringender Art um sich. Er war weniger energisch als der Baumgeist der Eiche, den man wirklich kraftvoll nennen konnte. Es scheint, dass die schmale Form, die alle Baumgeister charakterisiert, mit dem Baumstamm und seinen Lebensströmen in Verbindung gebracht werden kann. Der Baumgeist eines kleinen Baumes ist ein winzi-

*) Sir Edward Coley Burne-Jones (1833-1898), englischer Zeichner und Maler.

ges Geschöpf. Seine Gestalt nimmt mit dem Wachstum des Baumes an Größe zu. (Baumgeister kleinerer Bäume sind nicht sehr intelligent und verlassen ihre Behausung nur, wenn ältere ihnen erklären, dass dies üblich sei.) Im Allgemeinen ist die Form eines Baumgeistes, während er im Baume weilt, runder und passt sich den Konturen des Baumes an. Tritt er aus dem Baum hervor, nimmt er eine schmale Gestalt an.

Ich beobachtete ebenfalls einen jungen Ahornbaum in der Nähe des Waldrandes. Dieser Baumgeist offenbarte den „amerikanisch-indianischen" Charakter in größerem Maße als die anderen und besaß eine stattliche Erscheinung. Während der Baumgeist des Hickorynussbaumes an einen gesetzten alten Krieger denken ließ, strahlte der Baumgeist des Ahornbaumes jugendliches Temperament aus. Er ist im Allgemeinen gelbbraun und weist Bunttönungen von rot und gelb auf, die in augenscheinlicher Wechselbeziehung zum Herbstlaub stehen. Anstelle von Haaren fällt eine Herbstblattkopfbedeckung auf, die ihm ein lustiges Aussehen verleiht. Er ist auf diese Wirkung offensichtlich sehr stolz.

Das Haus, in dem ich schreibe, ist von einigen Bäumen, hauptsächlich Birken, umgeben. Der Wald beginnt unmittelbar in der Nähe und gibt mir Gelegenheit, die Bäume in der Nähe des Hauses, welche bereits zum Wald gehören, mit den einzelnen Bäumen in der Stadt oder deren Nähe, zu vergleichen. Der einsame Baumgeist des Hickorynussbaumes, der abgeschnitten von seinen Kameraden existierte, war folglich gezwungen, seine Aufmerksamkeit auf Menschen und Tiere zu richten, mit dem Ergebnis, dass die Entwicklung seines Geistes sich rascher vollzog als die seiner Gefühle. Hier draußen kann man jedoch ohne weiteres von der Verwandtschaft der Bäume sprechen. Die Baumgeister zeigen größeres Interesse an Geschehnissen in ihren eigenen Reihen als an Menschen, sind diesen aber sehr freundlich gesinnt. Zwischen dem Haus und dem Waldrand wurde allerdings eine Anzahl von Birken zu Brennholzzwecken gefällt, was der Rest der Baumgeister mit Verstimmung aufnahm und sie den Menschen nun weniger Freundlichkeit entgegenbringen ließ.

Die Baumgeister vermerken das Abholzen der Bäume mit Unwillen. Es macht ihnen mehr zu schaffen als den Elfen das Abschneiden der Pflanzen und Blumen, da das Leben des Baumgeistes eng mit der Existenz des Baumes verknüpft ist.

Man verspürt in diesem Wald, der nicht weit von der Zivilisation entfernt und der ursprünglicher und urwüchsiger als ein Stadtpark ist, ein Gefühl der Erwartung. Aufgrund menschlichen Eingreifens ist die Lebensdauer eines Baumes unbestimmt. Dieser Wald strahlt eine Atmosphäre der Kraft und Stärke aus. Die Bäume wachsen nebeneinander und erweisen einander viel Aufmerksamkeit, zeigen aber auch entschiedenes Interesse am Menschen; sie betrachten den Menschen als Eindringling. Menschen denken im Zusammenhang mit Bäumen an Brennholz, an Schatten oder dekorative Gegenstände und sehr selten an prächtige Individuen oder Lebewesen. Bäume spüren dies, und in ihnen entwickelt sich ein enger Gemeinschaftsgeist. Ihnen wird bewusst, dass zwischen ihrer Welt und der des Menschen eine große Kluft besteht.

Ich möchte betonen, dass Bäume sehr langsam reagieren und es lange dauert, bis sie neue Erfahrungen verarbeitet haben. Ihr Verständnis ist begrenzt, und wenn wir von ihnen als denkende oder fühlende Wesen reden, dann heißt dies, dass sie im Vergleich zum Menschen mit verschwommenem Bewusstsein reagieren. Außerdem gibt es zwischen den einzelnen Bäumen Unterschiede. Holzt man einen Wald unbarmherzig ab, empfinden die verbliebenen Bäume gemischte Gefühle des Verletztseins, des Verlustes und der Isolation, obwohl sie sich der Unvermeidlichkeit dieser Dinge in der Natur bewusst sind.

Unsere Vorstellung eines Waldes gleicht derjenigen eines Ortes mit gelichtetem Unterholz, doch das Ideal der Baumgeister und Elfen ist ein Ort, an dem man Bäume, ausgedehntes Unterholz sowie Tiere verschiedener Gattungen trifft. Zwischen Baumgeistern und Elfen besteht eine enge Verbindung; es gibt Elfen, die die Stellen aufsuchen, an denen Unterholz, Gras und Blumen gleichzeitig zu finden sind. Wird der Wald zu sehr gelichtet, kommen sie nicht. Man könnte beide Vorstellungen miteinander in Einklang bringen, wenn sich gerodetes Gebiet mit großen Gebieten wilden Wachstums abwechseln würde. Für viele Leute mag dies ein sentimentales Ansinnen sein, denn sie vertreten die Meinung, dass das Abholzen der Bäume notwendig ist, damit wir leben können. Darin liegt eine gewisse Wahrheit, und trotzdem gehen wir im Westen sowohl verschwenderisch als auch unbarmherzig vor, und die Bedürfnisse des Bodens und des Waldes sind für den Durchschnittsgeschäftsmann ohne Belang. Ich bereiste den gesamten Westen der Vereinigten Staaten – im Moment gehört er zum größten Bauholzgebiet der Welt – und ich sah meilenweit kahles Land mit den Resten der Baumstümpfe. Es war ein Alptraum, diese ausgebrannten Stümpfe ohne jegliches Leben zu sehen, festzustellen, dass es keine Elfen in diesen Gebieten mehr gab, zu wissen, dass man diese herrlichen Zedern, Rottannen und Pinien rodete und sie teilweise liegen blieben und vermoderten.

Am Pacific Highway, in der Nähe von Vancouver, gab es einst prächtige Baumbestände. Als ich diesen Wald zum ersten Mal erblickte, gehörte er zu den schönsten Wäldern, die ich je in meinem Leben gesehen hatte.

Man sah dort viele Elfen, und eine Atmosphäre der Freude war überall spürbar. Als ich erneut durch dieses Gebiet fuhr, begegnete mir tiefes Entsetzen, denn man hatte die Hälfte der prächtigen Bäume gerodet, und wo einst Schönheit herrschte, sah man jetzt Hässlichkeit und Kahlheit. Die wenigen verbliebenen Bäume verbreiteten eine Schwingung erwartungsvollen Schreckens und der Hoffnungslosigkeit. Sie erwarteten, ebenfalls abgeholzt zu werden, denn wir dürfen nicht vergessen, dass Bäume nicht weglaufen können. Wie mir gesagt wurde, hatten sowohl die Regierung wie auch Privatleute der Baufirma große Summen oder gleichwertige Waldgebiete woanders angeboten, wenn sie speziell diesen Wald nicht abholzen würde, da er zu den ältesten Waldgebieten in diesem Teil der Erde gehörte. Das Abholzen dieser Bäume bedeutete für Tausende von Menschen am Pacific Highway einen Verlust. Sie würden hinfort nicht mehr durch solche herrlichen Wälder fahren.

Abgesehen vom Westen und vom tiefen Süden sind die Wälder in New Hampshire charakteristisch für die Vegetation im Bereich der gesamten Vereinigten Staaten. Die Baumgeister, die ich beschrieben habe, freuen sich ihres Lebens und genießen ihr Dasein. Es behagt ihnen, im Boden festverwurzelt zu sein, die Sonnenstrahlen zu spüren und das Wehen des Windes in den Blättern zu fühlen. Es vermittelt ihnen den Eindruck der Unbeschwertheit. Bäume lieben den Wind, sogar einen Sturm, denn er bietet ihnen in ihrem aufrechten und festgewachsenen Dasein Abwechslung, wenn er ihre Baumkronen durch seine Kraft hin- und herschwingen lässt.

Sie werden ungern durch einen Sturm gefällt, tragen es jedoch mit Fassung. Der Sturm ist für sie wie eine Schlacht, der einige zum Opfer fallen, denn dies bedeutet für sie ein natürliches Ende. Das üppige Wachstum um sie wird von Elfen umschwebt, und das Tierleben offenbart sich in seinem Reichtum und in seiner Vielfalt. Die Bäume nehmen alle Eindrücke auf und schenken den geringsten Einzelheiten des Waldlebens Aufmerksamkeit. Sie empfinden für alle Pflanzen und Tiere ein zärtliches Beschützergefühl, denn letztendlich sind sie es, die all dies ermöglichen.

Das Elfenleben in einem Wald wie diesem gestaltet sich besonders vielfältig. Hier trifft man auch in geringfügiger Abwandlung die Arten an, die wir bereits im Garten beobachtet haben, da das Waldleben anders verläuft als das Gartenleben. Man findet im Wald eine größere Vielfalt von Elfen vor. Es gibt solche, die gerade 30 cm groß sind. Sie weisen eine goldbraune Farbe auf und ihre menschenähnlichen Züge sind so wenig ausgeprägt wie die der Baumgeister. Ihre Gesichter ähneln eher denen der Affen als denen des Menschen. Sie leben in den moosbewachsenen Teilen des Waldes und kümmern sich um die Farne und das Moos. Außerdem beobachtet man viele braune und goldfarbene Gnome, die bereits an anderer Stelle beschrieben wurden, sowie liebliche tiefblaue Elfen, die etwa 45 cm groß sind und durch das Unterholz flitzen. Weiterhin gibt es unten am Bach Wasserelfen. Sie sind winzige Geschöpfe, die so durchscheinend wie zartblaues Wasser aussehen. Obwohl sie nur 25 - 30 cm groß sind, besitzen sie eine ziemlich menschenähnliche Erscheinung. Süßwasserelfen sind niemals so dick und rund wie Meereselfen.

In den zahlreichen Seen und Teichen trifft man die gleiche zartblaue Art der Wasserelfen an, doch diese sind größer, nämlich zwischen 45 - 60 cm. Im Süßwasser gibt es viel weniger Elfen als im Meer, da das Meer ihre Heimat und ihr Ursprungsort zu sein scheint. Da und dort im Wald erreichen die Elfen fast den Rang von Engeln. Sie entsprechen der Größe und Gestalt des Menschen und haben gelbe und grüne Farbe. Diese Elfen bestimmen über das Leben im Walde. Über allem wacht schließlich ein Engel – über die Elfen, die Bäume, die Hügel und Flüsse; sie alle sind Teil seines Lebens und befinden sich unter seiner Obhut. Er stellt eine mächtige Persönlichkeit dar, und das Tal ist in dem Maße Teil seines Körpers wie der Baumstamm Körper des Baumes ist, abgesehen davon, dass der Engel über Intelligenz und Emotionen verfügt, die der menschlichen Intelligenz und den menschlichen Emotionen in keinster Weise nachstehen, da er ein höherstehendes Wesen ist als der Mensch. Nimmt er Gestalt an, gleicht er einem schönen Menschen, einem jungen Mann mit zarter Haut, wundervollen dunklen Haaren und einem ausdrucksvollen Gesicht, während sein Körper in ein apfelgrünes Gewand gekleidet ist. Seine Gegenwart durchdringt das Leben im Wald und im Tal.

Ich würde dieses Kapitel gerne mit der Beschreibung des herrlichen Redwood-Waldes in Nordkalifornien beenden – nicht mit den vertrauten Parks in Süd- und Mittelkalifornien, sondern mit den ursprünglichen Wäldern Nordkaliforniens. Hierbei handelt es sich um alte und einzigartige Wälder mit riesigen Redwood-Bäumen. Diese Bäume sind aufgrund ihres hohen Alters so eindrucksvoll; man weiß, dass viele Jahrhunderte an ihnen vorbeigezogen sind und sie die Geheimnisse des Lebens kennen.

Jedem von ihnen ist eine ausgeprägte Individualität zu eigen. Einer dieser Baumgeister sieht aus wie ein bronzefarbener Indianer. Allein seine Größe von mehr als neun Metern ist beeindruckend. Wir bemerken stecknadelkopfartige Augen und kräftiges, herabfallendes Haar. Er verbreitet ein ausgesprochenes Machtgefühl, strahlt Ruhe und Gelassenheit aus, wie jemand, den die Wechselfälle des Lebens nicht mehr zu erschüttern vermögen. Diese Bäume wachsen im gesamten Bereich Nordkaliforniens, und die Elfen dieses Waldes, die man gewissermaßen als seltsam aussehend bezeichnen mag, ähneln in ihrer Erscheinung den Baumgeistern. Mit ihren nussbraunen Gesichtern, schwarzen Haaren und ähnlichen rot-goldenen Körpern sehen sie ebenfalls wie Indianer aus oder wie die Karikatur eines Indianers. Mit einer Größe von 90 - 120 cm verfügen sie über eine für Elfen beachtliche Größe. Der ganze Wald erinnert an graue Vorzeit. Es gibt nur die beiden Wesen, doch man trifft sie sehr häufig an. Die Baumgeister und in gewissem Sinne auch die Elfen sind unglaublich alt. Einige der Bäume sind bereits ein-, zwei-, sogar dreitausend Jahre alt und ihr Leben konzentriert sich vor allem auf die Baumkronen, weit mehr als dies bei gewöhnlichen Bäumen der Fall zu sein pflegt. Sie sind wirklich einzigartig, nicht nur durch ihre Größe, sondern auch wegen ihres Alters. Unter ihnen wandelten und zogen viele Menschen vorbei, sie erlebten den Anfang und das Ende vieler

Dinge, für sie sind alle Formen der Existenz vorübergehend und vergänglich. Es ist sehr schwer, zu diesen Bäumen Kontakt aufzunehmen, da ihre Gedanken noch in vergangenen Zeiten und bei zurückliegenden Ereignissen weilen und es seine Zeit dauert, bis sie sich Neuem gegenüber aufgeschlossen zeigen.

Die Elfen jedoch waren erfreut, mit mir in Kontakt zu treten. Sie wollten ganz besonders etwas über Autos in Erfahrung bringen und äußerten vor allem Neugier hinsichtlich ihrer Funktionsweise und ihres Verwendungszwecks. Sie fanden es komisch, dass der Mensch zum Zweck der Fortbewegung in kleinen, viereckigen Kästen Platz nahm, da sie sich selbst schwebend fortbewegen. Ihnen ist bekannt, dass der Mensch geht, und sie erachten diese Fortbewegungsweise als langsam, finden Autos jedoch äußerst komisch. Die Elfen und die Baumgeister zeigten sich über den Bau der Straßen verstimmt, obwohl in ihrem Gebiet zu diesem Zweck keine Bäume abgeholzt wurden. Gleichzeitig bekundeten sie Interesse an dieser (für sie) neuen Zivilisation. Wenn wir uns nur das Leben dieser Bäume vorstellen könnten. Elfen und Tiere lebten Seite an Seite und „halfen" einander seit Hunderten von Jahren. Die Bäume, deren Baumkronen sich über allem ausbreiteten, führten ein Gemeinschaftsleben seltsamen Charakters.

Aufgrund ihrer Baumkronen verfügten sie über einen Ausblick über ihre Umgebung und teilten einander ihre Beobachtungen mit. Sie sprachen über die Menschen, die sie sahen, und es existierte in Bezug auf jene frühen Rassen kein Gefühl der Fremdheit, so wie dies für unsere moderne Zivilisation gilt. Menschen und Bäume verstanden sich in alter Zeit und begrüßten sich, wenn sie einander gegenüberstanden. Eine solche von einem Baum ins Bewusstsein gerufene Szene der Vergangenheit beinhaltete für mich viel Fremdartigkeit. Die Bäume wussten die Harmonie mit den Menschen in der Vergangenheit zu schätzen und äußerten Bedenken wegen der Zukunft. Im Laufe ihrer Jahrtausende alten Erfahrung lernten sie jedoch, dass Leben und Tod vergänglich sind und erwarten ihr eigenes Ende voller Fassung.

Wäre jeder von uns im Wald fähig, diese Wesen zu sehen und zu verstehen, dann würden wir die Bedeutung der spirituellen Kraft des Lebens, welche letztendlich die Essenz der Religion darstellt, besser erfassen. Sie sind fremdartige, herrliche, edle und ferne Wesen. Wenn es mir nur gelingen würde, einen Eindruck dessen zu vermitteln, über welche Begebenheiten ihrer Vergangenheit sie denken und reden. Es ist jedoch außerordentlich mühsam, die Erfahrungen der Baumgeister über das Waldleben weiterzugeben. Sie erfahren über das Leben der Zelle in ihrer eigenen Borke die Schwierigkeiten des Überlebens. Sie fühlen das Leben um sich herum und verspüren sofort eine Todesahnung, wenn die Bäume ihrer nächsten Umgebung vom Blitzschlag gefällt werden. Doch genau wie die Elfen lernen Bäume durch diese Erfahrungen, dass das Leben ewig und niemals vergebens ist. Da sie sich nicht von der Stelle fortzubewegen vermögen, meinen wir, sie verfügten über wenig Lebenserfahrung und täuschen uns in diesem Punkt. Man lernt nicht unbedingt durch ständiges „in Bewegung sein", sondern durch Verarbeiten seiner eigenen Erfahrungen, denen der Lebensimpuls innewohnt. Die Menschheit ist oft bemüht, sich der Erfahrung zu entziehen, was häufig Leiden mit sich bringt. Regnet es, suchen wir Schutz unter einem Dach. Erleben wir den Tod in unmittelbarer Nähe, wenden wir uns ab. Bäume entziehen sich den Ereignissen des Lebens nicht, sie sind die größten Realisten, die ich kenne und diese großen alten Riesen stellen die Könige aller Bäume dar.

Kapitel VIII

Bergelfen

Die dem Himmel entgegenstrebenden Granitgipfel der Rocky Mountains bieten mit ihren schneebedeckten Spitzen einen prächtigen Anblick. Für einen Fremden, der sich den Rockies vom Osten nähert, bedeutet dies ein denkwürdiges Erlebnis.

Nachdem wir uns in einer Höhe von Tausenden von Metern über dem Meeresspiegel befanden, glaubten wir, indem wir auf die weit unter uns liegenden Baumwipfel blickten, uns auf dem Dach der Welt zu befinden – doch die schneebedeckten Gipfel der Rockies erhoben sich über uns. Die erste Empfindung, die ich bei diesem großartigen Anblick verspürte, war die, mich in der Gegenwart mächtiger Könige zu befinden, die die Welt in Glanz und Herrlichkeit regieren.

Es gibt in den Rockies einige mächtige Engel, die eine königliche Strenge voller Klarheit, Reinheit und Erhabenheit verbreiten. Sie sind von beeindruckender Majestät und bewohnen die Hauptgipfel. Sie bilden eine Gemeinschaft und ähneln einander. Sie befinden sich auf diesen Gipfeln bereits seit Tausenden von Jahren, strahlen jedoch jugendliche Energie und Begeisterung aus und vermitteln die herrliche Gewissheit des endgültigen Sieges der Schönheit. Sie sind mächtig, friedvoll und von heiterer Freude erfüllt. Im Allgemeinen erinnert ihr Äußeres an zartrosa getönten Schnee. Man könnte in diesem Zusammenhang von griechischer Schönheit sprechen. Die Gesichtszüge der die Engel umgebenden Elfen sind besonders erwähnenswert. Die über den Gipfeln wachenden Engel umgeben sich mit Luftelfen, Schneeelfen sowie anderen Elfengruppen, außer Feuerelfen. Ich wage jedoch zu behaupten, dass sie in gewissem Maße auch mit letzteren in Verbindung stehen.

Auf den Schneefeldern treffen wir zahllose winzige Geschöpfe an, die im Allgemeinen als „Elementarwesen“ bezeichnet werden. Da der Schnee lange liegen bleibt, ähneln sie in ihrer Erscheinung in vielem den Elfen. Sie sind etwa zwischen 15 - 30 cm groß und ihre Körperstruktur lässt eher an Schnee als an Pelz denken.

Ihre Gesichter könnte man mit ineinander verwobenen Dreiecken vergleichen. Das tatsächliche Gesicht (mit den Bereichen für Augen und Mund) entspricht einem Hexagon, während die Ecken der Dreiecke an Andeutungen von Ohren erinnern. Die ganze Gestalt erweckt den Eindruck eines Schneekokons. Sie vereinigen in ihrer Erscheinung sowohl das Luft- als auch das Wasserelement. Sie verfügen über wenig Intelligenz, doch ihnen ist ein reines Wesen zu eigen, welches in geringem Umfang der herrlichen Reinheit der Engel entspricht. Zu gewissen Zeiten hüllen Wolkenmassen die Engel der Gipfel ein. Die Bewohner dieser Wolken lassen sich manchmal auf dem Gipfel nieder, um die Ausstrahlung der Engel auf sich einwirken zu lassen. Die Engel der Gipfel gleichen Leuchtfeuern, deren Kraft und Stärke allen Wesen der Erde zuteil wird. Unter den Besuchern der Engel befinden sich Wolkenelfen, die hauptsächlich dem Luftreich zuzuordnen sind.

Die Felsen, nach denen das Gebirge benannt ist, bilden größtenteils kristalline und metallische Strukturen. Im Zusammenhang mit diesen Metallen fällt ein Gnom in einer überraschenden Vielfalt von Farben auf – hellgelb, rot, fast schwarz usw., dessen Gesicht von geometrischer Form ist. Diese Gnomen scheinen sehr, sehr alt zu sein und haben helle, strenge, metallische, unheimliche und geheimnisvolle Vogelaugen. Sie interessieren sich in keiner Weise für Menschen und bekommen, da sie im Herzen des Berges hausen, auch keine Menschen zu Gesicht. Bei der Durchführung festgelegter Aufgaben fühlen sie sich durch die Engel beschützt.

Unterhalb der Schneefelder trifft man auf den Hängen der Gipfel mehr oder weniger gewöhnliche Elfen: winzige, schmetterlingsähnliche Arten in fröhlichen Farben und zarte Elfen in Pastelltönungen mit schönen Gesichtszügen.

Sie scheinen die gleiche Transparenz und Klarheit zu besitzen, die alles Leben charakterisiert, das hoch in den Bergen in Erscheinung tritt. Sobald man weiter unten auf kultiviertes Land stößt, bemerkt man wieder andere Elfen, deren Heimat hier zu finden ist. Offensichtlich beherrscht die besondere Ausstrahlung der Engel alle Geschöpfe in den höheren Regionen und unter allen Wesen besteht Harmonie.

Die zentralen Gipfel der Rockies stellen Zentren spiritueller Kraft dar. Die Engel sind die Hüter dieser Gipfel und verströmen ihren Segen in die ganze Umgebung. Es scheint auch, dass der hohe Metallgehalt der Felsen den Engeln zu einer immerwährenden Quelle beständiger Kraft wird, die wir nur als spirituellen Magnetismus bezeichnen können. Das Dasein der Engel gestaltet sich auf eine Weise, die selbst ihnen eigenartig erscheint. Sie tauschen Erfahrungen aus und entwerfen Pläne für die Zukunft. Sie treffen einander einzeln und veranstalten in gewissen Zeitabständen Zusammenkünfte. Zusätzlich zu ihren umfangreichen Vorhaben verrichten sie ihre tägliche Arbeit, mit der sie bei Sonnenaufgang beginnen, indem sie sich nach Osten wenden und die erneuerte Kraft des Tages in beständigem Rhythmus in die Berge aussenden und wieder aufnehmen.

Diese Vorgänge nehmen bis Mittag an Intensität zu; danach tritt eine kurzzeitige Pause ein. Anschließend beginnt bis zum Sonnenuntergang der weniger anstrengende Teil des Tages und ihrer Arbeit, dem ein ruhiger und friedvoller Zustand des Segnens folgt.

Bei Einbruch der Nacht verringern sich ihre Pflichten in Bezug auf die Elfen und auf „ihren Berg“ und sie haben Zeit für

Treffen und Zusammenkünfte. Sie sind sich der Bedeutung ihrer Aufgaben, unter der Führung des Kontinentalengels, hinsichtlich der Entwicklung Amerikas bewusst. Auf diesem Gebiet leisten sie Beachtliches, helfen jedoch auch dem Menschen.

Die berühmten „Blauen Berge" in Australien sind ebenfalls erwähnenswert. Das Land dort ist sehr alt, und sein unsichtbares Leben ist genauso einzigartig wie das der Tiere, Pflanzen und anderer physischer Formen. Ich möchte darauf hinweisen, dass die Schwierigkeit diese Buches darin liegt, über Elfen und nicht über Engel zu schreiben, doch es ist unmöglich, sie auszuschließen, da ihr Dasein eng mit dem der Elfen verknüpft ist. Ich bin jedoch bemüht, vornehmlich über das Elfenreich zu berichten.

Jeder Gipfel wird von einem Engel bewohnt. Am Fuße bestimmter Hänge findet man die Elfen, die für die ländliche Gegend typisch sind. Im Falle der „Blauen Berge" gibt es wenig Abwechslung, da im ganzen Gebiet praktisch nur eine einzige Baumsorte wächst, der Eukalyptusbaum. Die mit ihm in Zusammenhang stehenden Elfen sind so einheitlich, dass es fast eintönig wäre, darüber zu berichten, wäre das Elfenleben an und für sich nicht interessant. Die gewöhnlichen Arten am Fuß der Berge haben braune Gesichter und viereckige blaue Körper, sind 60 - 90 cm groß und schlank wie die Elfen der gleichen Gruppe auf der ganzen Welt. Sie strahlen Lebhaftigkeit aus, vermitteln jedoch gleichzeitig den Eindruck von Gelassenheit, so als hätten sie im Leben vieles erfahren – wesentlich mehr als die meisten Elfen – und gelernt, mehr zu ertragen.

Ihre Intelligenz ist nicht übermäßig entwickelt, sie sind etwas träge, doch sehr bestimmt, nachdem sie sich zu einem Vorhaben entschlossen haben. Diese blauen Wesen fügen sich gut in die fremdartige Landschaft, in der sie leben, ein. Sie ruft im Menschen das Gefühl von Erhabenheit wach und verströmt einen

Hauch von Ewigkeit. Die Atmosphäre dieser Berge ist so fremdartig und lässt ein Gefühl der Einsamkeit erwachen. Die Berge sind wie Wächter einer alten Festung in einer fremden Zivilisation; trotz vieler Ereignisse stehen sie fest und unerschütterlich. Das Beeindruckendste ist wohl die Tatsache, dass man kein Empfinden des Willkommens verspürt, eher die des Duldens und der Wachsamkeit. Diese Berge wurden niemals von der Hand des Menschen verändert. Sie sind noch ursprünglicher Natur und man fühlt die Kraft und das Leben, vergleichbar mit den wilden und ursprünglichen Landschaften, die Haeckel dem alten Lemurien zuordnet.

Etwas weiter oben am Hang beobachtet man einige smaragdgrüne Gestalten. Sie sind etwas kleiner und besitzen ausgeprägtere und freundlichere Gesichter. Das lebhafte Smaragdgrün steht in auffallendem Gegensatz zu dem einförmigen Graugrün der Bäume, dem dunklen Rot des Bodens und dem Grau der Felsen. Ihre Bewegungen erfolgen rasch und sie erinnern an kleine Kängurus, von denen es in dieser Gegend nur so wimmelt. Diese Elfen bringen den Tieren viel Aufmerksamkeit entgegen und helfen ihnen so gut wie möglich. Besteigt jemand den Berg, sehen sie ihn voller Neugier an. Hier wie auch weiter oben begegnet man vielen der gnomenartigen Geschöpfe, die ich bereits früher beschrieben habe und die denen des Grand Canyon in Arizona ähneln; außerdem verspürt man die wohltätige Kraft der Baumgeister der Eukalyptusbäume.

Einer der Baumgeister kommt hinter dem Baum hervor und sieht mich an. Er ist ungefähr 2,10 Meter groß und hat ein sehr langes, rechteckiges Gesicht von brauner Farbe, das mindestens 30 cm lang, jedoch nicht breiter als 15 cm ist. Sein Körper ist ebenfalls rechteckig, silbergrau und ziemlich ansehnlich. Die Gesichtszüge sind kaum zu erkennen und tragen einen Ausdruck der Strenge. Trotzdem mag ich die alten Eukalyptusbaumgeister sehr und habe viele gute Freunde unter ihnen. Sie sind sehr freundlich, mit leisen Anklängen von Humor. Viele Male legte ich meine Arme um sie, um sie liebevoll zu streicheln, worauf mir stets ihre Antwort zuteil wurde. Da sie so alt sind, fragte ich sie oft um Rat. Ihr Standpunkt drückt eine Lebensphilosophie aus, die sich während vieler Jahrhunderte in schwierigen Umständen bewährt hat. Ihr Leben verlief nicht einfach und erfuhr durch den Lebenskampf eine Bereicherung.

Weiter oben auf den Hängen gibt es andere bemerkenswerte Elfen. Sie tragen das gleiche Rot wie der Boden und haben eigenartige, jedoch schöne Gesichter, die von einem silbernen Nebel umgeben sind. Wenn man zwischen ihnen weiterschreitet, stößt man auf den Engel des Berges. Er ist von großer Gestalt und verfügt über strenge Gesichtszüge mit tiefliegenden dunkelblauen Augen, breiten Brauen, hohen Wangenknochen, einer kräftigen Nase und vollen Lippen; das ganze Gesicht drückt Macht und Schönheit aus. Seine Gesichtsfarbe erinnert an gebräunte Haut und sein Körper ist in tiefes Blau gehüllt. Ich stand voller Ehrfurcht, aber natürlich auch voller Neugierde vor ihm. Er antwortete auf freundliche Weise, die mir Vertrauen einflößte. Zwischen ihm und den Elfen, wie auch mit dem Pflanzen- und Tierreich dieses Gebietes, bestand ein enges Gefühl der Verbundenheit. Er vermittelte den Eindruck ursprünglicher Kraft.

Durch seine jahrtausendealte Anwesenheit und Erfahrung erweckte er bei der Umgebung den Anschein, in der Vergangenheit zu leben. Dies bezieht sich auf seine Erinnerung an die fremdartigen Völker, die dort vor Tausenden von Jahren lebten, die Naturkatastrophen, die ihren Untergang herbeiführten, auf lange Reihen von Stämmen und seltsamen Wesen sowie auf sonderbare Elfen, die um ihn herum existierten. Es gibt immer noch einige dieser seltsam anmutenden Elfen, doch ihre Anzahl hat seit damals abgenommen. Sie sehen halb menschen- und halb tierähnlich aus und tragen eine sonderbare Braun- und Rottönung.

Selbst über die nicht sehr hohen, aber herausragenden und isolierten Gipfel wacht ein Engel. Ich fand z.B. einen Engel am Mt. Constitution, auf den San Juan Inseln im Staate Washington. Er stellt die höchste Erhebung der Insel dar, die in der Inselgruppe ziemlich zentral liegt. Von seinem Gipfel bietet sich eine atemberaubende Sicht auf Hunderte von Inseln in alle vier Himmelsrichtungen. Die Meeresenge, in der die Inseln liegen, wird von hohen Gipfeln umschlossen, von denen selbst im Sommer einige schneebedeckt sind. Isoliert von dieser Gruppe erhebt sich der Mt. Constitution. Der Engel des Mt. Constitution besitzt außerordentliche Macht. Er ist der Beschützer aller Inseln und hat den Gipfel des Mt. Constitution zu seinem Mittelpunkt erwählt. Seine Ausstrahlung durchdringt das gesamte Gebiet. Er strahlt Macht und Würde aus, ist von beständiger und bedächtiger Gemütsart und zeichnet sich vor allem durch seine Freundlichkeit und Weisheit aus. Er schenkt den Menschen besondere Aufmerksamkeit und Zuwendung. Er scheint in seiner Arbeitsweise nach einem bestimmten Plan vorzugehen.

Er ist bestrebt, im Bereiche der Inseln eine gewisse Schwingung aufrechtzuerhalten, und die Elfen verspüren diesen Einfluss. Da es seinem Wunsch entspricht, verhalten sie sich gegenüber der Menschheit freundlich und hilfsbereit. Ihm ist daran gelegen, sämtliche Schranken abzubauen. Zu seiner Freude legte der Mensch einen Staatspark an, der den Gipfel und große Gebiete um den Gipfel herum umfasst. Dieser Park dient zugleich als Tierschutzgebiet für Wild und andere Tierarten, und auf seinem Gebiet wachsen herrliche Bäume. Dies alles verleiht den Elfen Gelegenheit, den Wünschen des Engels nachzukommen. Ich bin überzeugt, dass er seine Vorstellungen an die in der Nähe lebenden Menschen weiterzuleiten vermochte. Seine aufrichtige Freundlichkeit gegenüber den Menschen befähigt ihn, sie zu verstehen und anzuleiten, denn das Leben der Menschen auf den Inseln verläuft in ruhigen Bahnen. Aufgrund ihrer Abgeschlossenheit sind sie aufnahmebereit für die Schwingungen ihrer Umgebung.

Seinen Elfen begegnet man zu Füßen des Gipfels in großer Vielfalt; sie sehen weiter oben am Gipfel anders aus. Eine der am häufigsten vertretenen Elfen ist eine zart lavendelblaue Waldelfe mit sehr blassem Gesicht. Man begegnet ihr sowohl an der Küste als auch am Berggipfel. Sie ist ein sehr liebliches Geschöpf mit anmutigen Bewegungen. Weiter oben findet man blaue Elfen sowie viele andere Arten. Das Auffallendste an ihnen ist ihre große Freundlichkeit. Sie betrachten Menschen, die den Berg erklimmen, mit scheuer Aufmerksamkeit. Das Wild ist ihr großes Entzücken und zwischen beiden besteht enge Verbundenheit. Hoch oben am Berg befinden sich mehrere Seen, welche die Heimat einer besonders schönen Art von Süßwasserelfen sind. Diese Elfen tragen eine blaue Tönung mit smaragdgrüner Schattierung – man würde es wohl aquamarinfarben nennen.

Ihre Gestalt ähnelt der des Menschen, ist zart und wohlgeformt und von einer durchscheinenden Substanz umgeben. Durch die Meereselfen im Meer zu Füßen des Berges erfährt das Gesamtbild eine Bereicherung und schenkt dem Engel des Berges eine Familie wunderbarer Verschiedenheit.

Es ist bemerkenswert, dass es sich nicht allein um ein Tierschutzgebiet handelt, sondern auch um einen bevorzugten Aufenthaltsort für Elfen, für die Engel der Inseln und selbst für die des Festlandes bis zu einem gewissen Grad. Die liebliche Verbindung von Berg und Meer, von Seen und Wald ließ eine herrliche Landschaft entstehen, deren Wesen sich von der machtvollen Persönlichkeit des Engels angezogen fühlen. Sie kommen oft mit der Bitte um Rat. Der Engel ist, wenn ich so sagen darf, eine wohlbekannte Persönlichkeit in der gesamten Umgebung. Er ist stets bemüht, den Menschen, die den Berg besuchen, in ihrer Entwicklung zu helfen. Falls sie nichts von seiner Existenz wissen, so fühlen sie doch seine wohltuende Gegenwart. Die Weite des Himmels und des Meeres, das entfernte Festland und die Schneegipfel in der Ferne machen den sensitiven Besucher für die Gegenwart dieses ältesten, weisen und inspirierenden Bewohners empfänglich.

Auf Java war das Wesen, welches mir in meiner Kindheit die größte Hilfe hinsichtlich der Dinge, über die ich nun schreibe, gewährte, der Engel des großen Berges. Er förderte stets die Seelengröße und Standhaftigkeit des Menschen und versprach mir, dass ich mehr und mehr über das Elfenreich erfahren würde. Er war nicht nur der erste Freund unter jenen Wesen, den ich besaß, sondern verkörperte in jenen Jahren auch das Symbol einer engelhaften Haltung gegenüber allen Dingen. Seine Betrachtungsweise bot keinen Raum für Niedrigkeit und Kleinmut.

Alle Engel gleichen ihm, doch er offenbarte eine besondere Größe. Der tägliche Kontakt zu einer solchen Wesenheit hinterlässt bei einem Kind einen tiefen Eindruck. Die Konturen seines Berges zeichneten sich fast jeden Abend bei Sonnenuntergang gegen den Himmel ab und um den Gipfel bildeten sich Wolkenbänke. Nach Jahren der Bewunderung stand ich plötzlich dem Geist des Berges auf seinem Berggipfel gegenüber. In Erwiderung der Jahre kindlicher Bewunderung und kindlichen Staunens hatte er Gestalt angenommen, um mit mir Kontakt aufzunehmen. Er war von großer Gestalt und indigoblauer Tönung; indigoblaue und goldfarbene Elfen umdrängten ihn. Er strahlte Mut und Entschiedenheit aus sowie aufrichtige Zuneigung und Freundlichkeit. Eine Wesenheit von solcher Weisheit und Größe, die diesen Ort bereits seit Jahrhunderten beseelt, kennt ganz genau das Leben der Umgebung und fühlt jeden einzelnen Gedanken und sämtliche Empfindungen aller sich in seiner Reichweite befindlichen Geschöpfe. Dieser Engel erweiterte seinen Wirkungsbereich, um mich darin einzuschließen und erfüllte mich mit seinem Energiestrom, da ich mich nun in seinem Wirkungsbereich befand.

Berge vermögen eine erhebende Wirkung auf das Leben eines Menschen auszuüben. In gewisser Weise stellen sie ein typisches

Symbol für Seelengröße dar. Alle Menschen sind imstande, durch Berge eine Bereicherung zu erfahren, wenn sie diese nur als Freunde betrachten würden.

Kapitel IX

Wasserelfen

Das Meer, das sich die meisten von uns nur als blaue, sich im Wind kräuselnde Wellen und von Fischen erfüllte Tiefen vorstellen, wird von Tausenden von Meereselfen vieler Arten bewohnt.

Sie gehören ebenso zum Meer wie die Fische. Sie sind Wasserwesen und können auf lange Sicht nur in Verbindung mit Wasser existieren. Es gibt viele Arten und auch viele Unterschiede hinsichtlich der Gestalt und Farbe der Elfen in den einzelnen Gewässern, doch mir fielen immer wieder drei Arten besonders auf.

Zunächst erzähle ich über die Elfen, die auf der Oberfläche der Ozeane in den Buchten und Meeresengen in der Nähe des Festlandes leben.

Im Geist nannte ich sie oft „Wasserbabies“, denn sie sehen wie dicke, runde Menschenbabies aus und sind die lustigsten Wesen, die man sich vorstellen kann. Man stelle sich ein vollkommen rundes Gesicht von der Größe eines Kuchentellers vor, ohne Nacken, einen fast kugelförmigen Körper von etwa 45 cm Durchmesser, der fast keine Füße oder ähnliches aufweist, zwei angedeutete flossenähnliche Hände mit mehr oder weniger ausgeprägten Fingern, das ganze Wesen in hellblau, von weicher Struktur, große fröhliche Augen in einem weißlichen Gesicht, fast kein Haar, eher eine Art Babyflaum und wenig ausgeformte Ohren. Auf diese Weise gewinnt man ein gutes Bild dieser lustigen Wasserwesen. Bezüglich der Farbe und Größe besteht in den Ozeanen eine gewisse Vielfalt, doch die vorgenannten Wesen sind am häufigsten vertreten.

Sie rollen und purzeln in den Wellen umeinander und lassen es sich gut gehen. Man trifft sie immer in Gruppen zu dreien, vieren oder mehreren an, manchmal in großen Gemeinschaften, wie sie fröhlich an der Küste entlang schwimmen. Sie sind die glücklichsten Elfen, die ich kenne und sie bringen den Menschen sehr freundliche Gefühle entgegen. Sie halten die Menschen für arme, unbeholfene Geschöpfe, da sie so ernst sind. Sie vermögen ihre Vitalenergie auf uns zu übertragen, da sie über einen Überfluss dessen verfügen, um unser Energiereservoir aufzufüllen, wenn es erschöpft ist.

Wenn wir uns im Zustand der Erschöpfung zum Meer begeben könnten und es uns gelänge, die Aufmerksamkeit dieser Wesen auf uns zu lenken, um sie um Energie zu bitten, dann würden wir in wenigen Minuten verspüren, dass wir zu anderen Menschen geworden sind.

Fühlte ich mich ermüdet, pflegte ich mich in Sydney zum Pier des Hafens zu begeben und fühlte mich in wenigen Minuten neu belebt, da „Wasserbabies“ alle Meeresküsten und Meereshäfen bewohnen, obwohl sie vielleicht an der kalifornischen Küste und der Küste von Florida besonders häufig vorkommen. Ich werde auf dieses Thema später zurückkommen.

Verlässt man die Küste und begibt sich auf das hohe Meer hinaus, bleiben die „Wasserbabies“ zurück und man begegnet den Elfen der mittleren Tiefen, deren Aussehen und Charakter ziemlich anders sind. Sie sind alle groß, etwa 1,50 - 1,80 Meter und besitzen eine ausgeprägtere menschliche Erscheinung. Sie sind so dünn, dass sie fast an wandelnde Skelette erinnern, jedoch sind sie absolut nicht hässlich. Sie verkörpern eine gewisse stolze Schönheit, streng und doch anziehend, gewissermaßen vergleichbar mit dem Charakter eines hochgezüchteten russischen Wolfshundes und in gewissem Maße auch mit dessen Äußerem, da ihre Gesichter, obwohl einesteils menschenähnlich, wiederum an dessen Aussehen erinnern. Sie haben große, tiefblaue Augen und seetangähnliches, blauschwarzes Haar. Ihr Gesicht weist eine zarte Braun- oder Beigetönung auf, doch der Körper ist von einer indigoblauen

Substanz umhüllt, die an fließenden Chiffon denken lässt. Ihre Arme besitzen keine ausgebildeten Hände und Finger, ihre Beine sind gewöhnlich angedeutet.

Es ist schwierig, ihre schleierartige, fließende Wirkung zu schildern. Ich vermochte in meiner Beschreibung nicht, ihrer Schönheit gerecht zu werden. Sie gehören ebenfalls zu den glücklichen Wesen, doch haben sie etwas vom stolzen, wilden Zigeunergeist eines Meeressturmes an sich, selbst wenn das Meer ruhig ist (obwohl sie Stürme lieben), und sie schwingen ihren Körper im Rhythmus des Meeres vor und zurück. Sie stehen den Menschen gleichgültig gegenüber. Sie verweilen nur ab und zu an der Meeresoberfläche, tauchen dann aus großen Tiefen auf, um an den Geschehnissen der Oberfläche teilzuhaben.

Die dritte Hauptgruppe findet man in den großen Tiefen der Ozeane. Sie sind ebenfalls von großer Gestalt und unansehnlichem Äußeren, tierähnlich und am ehesten mit großen Gorillas vergleichbar. Es hat den Anschein, als wären sie mit dunkelblauem Pelz bedeckt, obwohl es sich natürlich um nicht physische Substanz handelt. Soweit mir bekannt ist, sind sie gewiss die am wenigsten entwickelte Art der Elfen im Bereich der Wasserevolution. Sie besitzen praktisch keinerlei Intelligenz und nur einfache Empfindungen. Sie sind weder schön noch angenehm. Obwohl sie dichte Strukturen aufweisen, so dass sie fast für das physische Auge sichtbar sind, sieht man sie kaum, da sie fast nie an die Oberfläche kommen. Manchmal veranlasst sie ihre eigene Neugier aufzutauchen oder sie werden von den über ihnen stehenden Wesen in Scharen an die Oberfläche gerufen – so wie man Ausflügler mitnimmt, um ihnen die Sehenswürdigkeiten zu zeigen – da die Oberfläche ihnen fremd ist. Gewöhnlich kommen sie in der Nacht bei Mondschein empor, da sie die Wirkungen des hellen Sonnenlichtes nicht mögen.

Bei dieser Gelegenheit sah ich einige. Ich fragte den Engel des Strandes in Australien, was dies für Wesen seien, und er erklärte es mir. Ich fühlte mich in ihrer Gegenwart unwohl, und sie starrten mich feindselig an. Offensichtlich verhalten sie sich im Allgemeinen feindlich gegenüber dem Menschen.

Im Großen und Ganzen sind Wasserelfen nicht so intelligent wie Landelfen, doch sie besitzen ihre eigenen Aufgaben, die außerordentlich schwer zu beschreiben sind. Aber ich will es versuchen. Im Allgemeinen lässt sich sagen, dass Meereselfen die Empfindung verspüren, Teil einer schnellen, rhythmischen Bewegung zu sein, wenn sie auf das Meer blicken. Sie sind sich natürlich der Fische, Pflanzen und des weiteren Meereslebens bewusst – all der Ströme der Lebensenergie. Dies bedeutet, dass sie sich mit dem Leben auf allgemeine oder abstrakte Weise verbunden fühlen. Der Hauptzweck im Leben einer Meereselfe ist es, ihre Pflicht zu erfüllen, welcher Art diese auch sein mag. Man könnte sagen, dass die Meereselfe ihre Energie in eine bestimmte Richtung zu lenken gezwungen ist. Ihr Körper erscheint im Gegensatz zu dem der Landelfe „flüssiger“, und er ist auch anders gebaut. Das Herz scheint das zentrale Organ zu sein, und sie ist imstande, den Herzschlag zu kontrollieren, oder wie auch immer wir den schwankenden Rhythmus nennen mögen, der die Pulsation bedingt. Die Aufgabe der Meereselfe liegt darin, Sonnenenergie durch kleine Oberflächenorgane ihres Körpers aufzunehmen und diese Energie wieder an das Meer abzugeben. Wie bei anderen Elfen kommt dem Spiel eine große Bedeutung zu, aber meistens tummeln sie sich nur vergnüglich in den Wellen.

Jede Elfe hegt tiefe Bewunderung für ihren Engel und freut sich immer auf die Zusammenkünfte mit ihnen, da Meeresengel zur Zeit des Vollmondes große Versammlungen einberufen. Eine solche Zusammenkunft stellt eines der Hauptereignisse im Leben einer Meereselfe dar, da sie nicht sehr hoch entwickelt ist.

Diese Elfen erfüllen jedoch unbewusst eine bemerkenswerte Funktion im Wasser. Es scheint, dass sich diese Geschöpfe um das Leben im Meer so kümmern, wie es die Landelfen hinsichtlich der Pflanzen tun. Letztere versorgen die einzelnen Pflanzen mit Energie, doch die Meereselfen betreuen das Wasser als Ganzes und wirken auf diese Weise indirekt auf das physische Leben darin ein. Damit sie ihre Arbeit verrichten können, ist ihr Körper sonderbar gebaut. Wie ich schon erwähnte, besitzen sie wie andere Elfen ein Herzzentrum, doch zusätzlich ist die Oberfläche ihrer Körper mit leuchtenden Öffnungen bedeckt, welche so genannte Subzentren darstellen, die mit dem Herzen verbunden sind. Befinden die Meereselfen sich in Bewegung, so entsteht in den Lichtpunkten eine Art Sog, durch welchen sie die Energie in ihren Körper aufnehmen. Hierbei spielen zwei Energiearten eine wichtige Rolle, die Sonnenenergie und die des Wassers. Das Herzzentrum dieser Elfen stellt naturgemäß einen „Mischplatz" für diese beiden Energien dar. Im Meer selbst befinden sich an mehr oder weniger festgesetzten Stellen, welche in Relation zueinander stehen, Strudelzentren mit wahrscheinlich magnetischer Wirkung, die natürlich nicht physischer Natur sind.

Zu gewissen Zeiten, nachdem die Elfen weit mehr von dieser Mischenergie aufgenommen haben, als sie selbst benötigen, geben sie diese durch die Oberflächenöffnungen ab und diese Energie wird zum nächstliegenden Strudel transportiert.

Dort wird sie herumgewirbelt und aus Gründen des Energieausgleiches von einem Strudel zum anderen weitergeleitet. Die Elfen tun solches unbewusst, Tag für Tag, und auf diese Weise wird das Meer mit Magnetismus aufgeladen, der alle im Meer lebenden Wesen unterstützt. Es gibt auch eine Beziehung zwischen den Strudeln und den Meeresstürmen, doch darauf werde ich später eingehen. Es ist ebenfalls eine Hauptaufgabe der „Wasserbabies", diese Zentren zu versorgen. Die Oberflächenelfen der Tiefsee verrichten die gleiche Aufgabe, doch ihnen obliegt größere Verantwortung, da sich in der Tiefsee in einem bestimmten Gebiet weniger Zentren befinden.

Im Allgemeinen sind die Wasserelfen der Seen und Flüsse nicht so zahlreich wie die des Meeres, selbst in großen Seen findet man keine so große Anzahl. Die Süßwasserelfen unterscheiden sich beträchtlich von den Meereselfen. Sie sind zarter, ähneln hinsichtlich der Erscheinung dem Menschen und passen sich bezüglich Farbe und Beweglichkeit besser an ihre Umgebung an. Unter den vielen Arten habe ich vorwiegend zwei Gruppen beobachtet; winzige Elfen, die in Wasserfällen und Bächen vorkommen und vielleicht 20 - 30 cm groß sind und eine größere Art von 60 - 90 cm. Die kleinen besitzen fast perfekte Menschengesichter und eine perfekte Menschengestalt. Sie sind ebenfalls blau, doch in Flüssen eher türkisblau und in Wasserfällen regenbogenfarben. Ihre Gesichter sind klein und herzförmig und sie stehen hinsichtlich ihrer Größe im Vergleich zur Körpergröße in ausgewogenem Verhältnis. Ihre Hände und Füße sind winzig und sehen manchmal entschieden weiblich aus. Manchmal trifft man sie auch am Ufer an.

Die größeren Elfen weisen ein tieferes Blau auf und ihre Gesichter sind weniger menschenähnlich als die ihrer kleinen Verwandten, sie erinnern eher an die Gesichter der Meereselfen.

Insgesamt gesehen ähneln sie wiederum mehr dem Menschen, vor allem Haare und Augen, obwohl die Anordnung ihrer Augen nicht der unseren entspricht.

Diese Süßwasserelfen sind von zarter Schönheit, doch nicht so voller Leben wie die Meereselfen. Jedoch bringen sie dem Menschen mehr Aufmerksamkeit entgegen und beobachten uns. Wie die Gartenelfen und die des Waldes lieben sie Gesang und musizieren oft selbst.

In Süßwasserteichen und Wasserfällen existiert eine sanfte Art von Elfen, die dem Menschen und vor allem den Kindern viel Freundlichkeit entgegenbringen. Sie hegen für Fische und andere Wasserlebewesen eine Form der Sympathie, die jeder von uns empfindet, wenn er ihnen beim Schwimmen oder beim Spiel im Wasser begegnet.

Diese kleinen Elfen, die etwa 30 - 60 cm groß sind, besitzen einen Sinn für Sanftheit. Sie reagieren auf den Rhythmus des Wassers und auch auf unsere Musik, die sie so gerne hören. Wenn Menschen an den Fluss- und Seeufern musizieren und singen, versammeln sich die Elfen und hören mit Freude zu.

Ihre Aufgaben ähneln in geringem Umfang denen der Meereselfen. Da ich die längste Zeit meines Lebens am Meer gewohnt habe, verfüge ich über wenig Erfahrung mit den Süßwasserelfen, und ich wage zu behaupten, meine Schilderung wäre interessanter, wenn ich sie häufiger beobachtet hätte.

Große Wasserflächen werden oft durch eine herrliche Wesenheit beseelt, und ich habe einige von ihnen sorgfältig beobachtet.

Ein Strom, wie der Mississippi z.B., besitzt einen ganz bestimmten Charakter. Der Geist, der den Strom beseelt, ist eine alte Seele und verfügt über außerordentliche Macht. Er scheint länger zu leben, als es sonst bei diesen Elfen üblich ist. Er ist nicht so schön wie die Elfen in Seen oder klaren Flüssen. Die Elfen, die in schlammigen Gewässern anzutreffen sind, sehen weniger menschlich aus, doch die des Mississippi verspüren genau wie die Meereselfen große Lebensfreude. Sie fühlen gerne die Sonnenstrahlen auf dem Wasser. Diese Elfen genießen die Bewegung und wandern stromauf- und abwärts, indem sie mit anderen Elfen den Platz tauschen. Zweifellos trägt die Erfahrung des Wanderns zu einer höher entwickelten Intelligenz bei, als es bei anderen Arten der Fall ist. Der Einfluss des Flussgeistes, einer großen alten Persönlichkeit, mit einer Spur von Übermut, verleiht den Elfen größere Lebhaftigkeit und lässt sie ihm gleichen. „Old Man River“ ist wirklich mehr als nur ein sprichwörtlicher Ausdruck.*) Der

*) Man denke auch an den „alten Vater Rhein“. (der Hrsg.)

Flussgeist ist voller Lebhaftigkeit. Er nimmt fast nie eine bestimmte Gestalt an, und falls er es doch tut, sieht er genauso aus wie es die Tradition für andere Flüsse überliefert, wie z.B. dem Tiber. In den alten Geschichten steckt ein großer Teil Wahrheit, da einfache Leute der Natur oft näher stehen und deswegen auch viel mehr darüber wissen. „Old Man River" ist eine bemerkenswerte Persönlichkeit. Er vermittelt ein Gefühl der Kraft und gleichzeitig von *joie de vivre* (Lebensfreude), doch er findet sein Vergnügen an Dingen, die für den Menschen oft eine Katastrophe bedeuten.

Ich erlebte zufällig eine Überschwemmung durch den Mississippi und wurde so Zeuge seines Werkes. Es war erstaunlich zu beobachten, wie der Strom unbarmherzig Tausende von Morgen Land überschwemmte. Doch für „Old Man River" war es nur ein lustiger Streich. Da er das Bedürfnis nach Ausdehnung und Freiheit verspürte, wandte er ein oder zwei Kunstgriffe an. Naturgemäß ereignen sich Dinge dieser Art und dieses Umfanges nicht allein aus dem Bedürfnis nach Vergnügen. Da sowieso eine große Naturkatastrophe anstand, warum sollte er nicht sein Vergnügen daran haben? Wir dürfen nicht vergessen, dass für diese Wesenheiten Leben und Tod unwichtig sind, und dies gilt ganz besonders für „Old Man River", der bereits ein beachtliches Alter erreicht und sowohl Leben als auch Tod im Übermaß gesehen hat.

Wasserelfen, ganz besonders Meeresgeister, zeigen wenig Interesse für uns. Der Mensch berührt ihr Leben nicht, da er das Meer nicht in größerem Ausmaß zu schädigen vermag. Aus diesem Grund bringen sie der Menschheit freundliche Gefühle entgegen, insoweit wir ihr Leben überhaupt berühren. Sie verspüren keinerlei Scheu, wie es bei den Festlandselfen der Fall ist, da ihre Lebensbedingungen nicht von uns abhängig sind, wie es für die Festlandselfen zutrifft. Wasserelfen zeigen große Aufmerksamkeit für ihr Element, das von Leben nur so wimmelt. Sie sind eifrig um die Geschöpfe und Pflanzen bemüht, die sich im Meer und Süßwasser entfalten.

Das Meer ist für die Elfen in Gebiete aufgeteilt, die sich oft über einige Meilen erstrecken. Diese Bereiche sind in Küstennähe kleiner und größer auf hoher See.

Jedes Gebiet wird wie ein Königreich von einer Wesenheit beherrscht und bewohnt. Es handelt sich hierbei nicht um eine Elfe, sondern um einen Engel. Einige dieser Engel können nicht unbedingt als hoch entwickelt bezeichnet werden, während andere sowohl von der Gestalt als auch vom Geist her als groß zu bezeichnen sind. Sie beeinflussen das Schicksal der Elfen und überwachen die Strudelenergie. Jeder dieser Strudel stellt gewöhnlich das Bewusstseinszentrum eines Engels dar. Von diesem Punkt strahlt er seine eigenen Energieströme aus und überwacht das Leben in dem ihm zugeordneten Bereich. Diese Wesenheit nimmt nicht unbedingt Gestalt an, doch falls sie es wünscht, vermag sie solches zu tun. Sie ist von vollkommener Schönheit und sieht aus wie ein Mensch. Ihre gesamte Gestalt wird von einer Aura bzw. farbigen Aureolen umgeben. Diese Engel sind sehr intelligent, und es ist viel leichter, zu ihnen anstatt zu Elfen Kontakt aufzunehmen. Sie vermögen unsere Gedanken zu lesen, während man sich bei Elfen um Klarheit und Objektivität bemühen muß. Ich darf behaupten, dass einige meiner besten Freunde zu den Meeres- und Landengeln gehören. Sie sind immer anwesend und freuen sich stets, mich zu sehen. Als Freunde erweisen sie sich als verlässlicher denn Menschen. Einige Gewässer, auch schöne Häfen, werden von herrlichen Schutzengeln überwacht, doch diese großartigen Persönlichkeiten würden das Thema dieses Buches überschreiten.

Kapitel X

Feuerelfen

Es gibt zwei Arten von Feuerelfen. Die mir bekannten, welche etwa 7 - 30 cm groß sind, besitzen keine menschliche Gestalt, sondern lediglich nebelhafte Umrisse. Diese kleinen Elfen erinnern eher an Kerzenflammen; sie gehören zur Gruppe der Elementalwesen und können eigentlich nicht zu den Elfen gezählt werden.

Einige sehen wie Insekten aus, wie Eidechsen oder Käfer. Man beobachtet sie in Holzfeuern, wo sie durch den Rhythmus der Flammen entstehen. Dieser Rhythmus entspricht einer der mächtigsten Schwingungen und kommt durch den Ton des Feuers zustande, welcher mit einer harmonischen Invokation gleichzusetzen ist. Er endet beim Erlöschen des Feuers. Diese Beschreibung trifft nur für die am wenigsten entwickelte Art zu, die vor allem in unseren Feuern existiert, z.B. Herdfeuern, Freudenfeuern usw. Die großen Elfen sind 1,50 - 4,20 Meter groß. Man nennt sie auch Salamander. Die größten Salamander leben in Vulkanen und sind von länglicher, dünner, menschenähnlicher Gestalt, die nach unten hin schmal zuläuft. Sehr große Salamander beobachtet man bei Waldbränden; je größer das Feuer, umso größer der Salamander. Sie werden schon aus Entfernung vom Feuer angezogen, wohlgemerkt nicht ins Leben gerufen, denn es gibt Orte, die den Salamandern als Zentren dienen. Bricht ein Feuer aus, werden sie von dort gerufen. So sind Salamander häufiger unterwegs als andere Elfen, vor allem da es von ihnen nicht so viele gibt wie von den anderen Gruppen. Salamander sind wesentlich intelligenter als Gartenelfen, aber sie leben abgeschiedener als diese. Tatsächlich besitzen sie praktisch zum Menschen keine Beziehung. Die einzige Verbindung zum Menschen drückt sich in ihrer Musikliebe aus. Sie erscheinen vor allem bei solchen Musikstücken wie Wagners Feuermusik. In der Vergangenheit besaßen die Menschen Macht über Salamander, und man konnte vielleicht von einer Form der Verbindung sprechen, doch stets ist ihr Gefühl gegenüber dem Menschen von Gleichgültigkeit geprägt. Die meisten Elfen sind wenigstens neugierig, aber nicht so die Salamander; die Menschheit kümmert sie nicht.

Sie sind ganz anders als wir und in vielerlei Hinsicht ziemlich gefährlich. Wir sollten daran denken, dass sie die Macht besitzen, mächtige Gefühlswallungen hervorzurufen. Diese Emotionen stellen als solche kein Übel dar und gereichen auch den Salamandern nicht zum Nachteil, sind aber für den Menschen gefährlich, da sie dessen Gefühle in Aufruhr versetzen. Der Mensch mag über die Salamander Macht erlangen, doch umgekehrt wäre es für ihn von Übel. Folglich tut man gut daran, jeglichen Kontakt zu ihnen zu vermeiden, es sei denn, man wäre Herr der Lage.

Feuerelfen werden von der übrigen Natur kaum gefürchtet, doch besteht eine Scheu vor ihnen. Obwohl das Feuer in der Natur eine destruktive Rolle spielt, erfolgt die Zerstörung niemals blindlings oder zufällig, wie manche Leute meinen. Stattdessen unterliegt sie einem Plan. Salamander oder Feuerelfen sind intelligenter als die Durchschnittselfen, da sie dem Engelreich näher stehen. Salamander werden in den Tiefen der Erde gefunden, doch ist dies nicht ihr beständiger Aufenthaltsort. Sie bewegen sich ununterbrochen aus den Tiefen der Erde zur Oberfläche. Sie sind Symbol des Feuers, da es ihrem eigenen Bewusstsein und Dasein entspricht. Diese Wesen unterscheiden sich sehr von allen, welche zuvor beschrieben wurden.

Es ist unmöglich, die Kraft dieses Naturelementes aufzuzeigen. Es ist zerstörerisch und gleichzeitig Symbol der Schöpfung.

In vielerlei Hinsicht erscheint das Feuer uns allen geheimnisvoll, doch die Salamander dieses Elementes sind im wahrsten Sinn des Wortes ungewöhnlich klug.

Im Allgemeinen bieten Feuersbrünste in der Natur die Hauptgelegenheit, Salamander zu beobachten, und es ist vielleicht am besten, ganz einfach einige von ihnen zu beschreiben.

Ein Vulkan z.B. bietet einen großartigen Anblick – nicht nur in der physischen, sondern auch in der nicht physischen Welt. Vulkane sind Orte großer Energie und Aktivität. Man findet hier viele Feuergeister, deren Größe sich von 1,20 - 4,20 Metern erstreckt. Ihre Gesichter, obwohl menschenähnlich, erinnern an die klassischen Bilder von Mephistoteles – das heißt nicht, dass sie den Eindruck des Bösen erwecken. Sie sind wirklich durchaus ansprechend. Die Gesichter dieser Wesen schauen aus den Flammen heraus. Ihre Körper verschwinden im Vulkan und sind deswegen nicht zu beschreiben. Außerdem gibt es große Feuerengel, nur wenige zwar, doch einige im Vulkan haben wunderschöne Menschengesichter mit einem Ausdruck strenger Distanziertheit. Der ganze Ort befindet sich in Bewegung, alles tanzt nach einem unhörbaren Rhythmus, da diese Wesen durch ihre Bewegung beständig Musik hervorbringen. Ein Vulkan stellt einen Ausgang für die gewaltigen, in der Erde gespeicherten Energien dar – rohe Energien, welche in gewisser, kaum erfaßbarer Weise für die kreativen Zwecke der Natur notwendig sind.Jene Vulkane, die ich auf den Inselketten von Indonesien beobachtete, waren aktiv. Ich beobachtete einen von ihnen über einige Jahre und schloß Bekanntschaft mit der dort residierenden Wesenheit, einem Engel von gewaltiger Größe und von schöner Erscheinung. Mit beeindruckender Würde kontrollierte und leitete er die mächtigen, subtilen Kräfte, welche die gleichermaßen mächtigen physischen Kräfte der Ausbrüche begleiteten. Dessen ungeachtet enthält die Erdkruste Leben, doch sie ist dünn.

Hunderte von Kilometern darunter gibt es kein physisches

Leben in unserem Sinne, und wenn diese gewaltigen Speicher ihre Elementarenergie aus der Erde herausschleudern, ist Führung vonnöten. Der Große Engel, weitere Engel und Helfer tragen dafür Sorge. Die Elementarenergie ist nicht komplexer Natur; die tiefer stehenden Salamander nutzen die gröberen Energien und die Engel verwandeln die feineren. Diese Aufgabe erfordert Konzentration, da die Engel die Energie durch ihre Körper zu leiten gezwungen sind. So sind Macht und Würde des führenden Engels ganz natürlich, da eine gewaltige und schwierige Arbeit in seinen Händen liegt.

Selbstverständlich bedeutet dies gleichzeitig viel Freude, und alle erfreuen sich an der Bewegung, der Musik und den tanzenden Flammen, was wunderbar anzusehen ist. Eines Tages befand ich mich in der Nähe eines kleineren Vulkans in den Wüstengegenden auf Java. Hier hatte sich einst eine Gebetsstätte befunden, und folglich schenkten die Salamander den dort auftauchenden Menschen mehr Aufmerksamkeit als es sonst üblich ist. Sie betrachteten unsere Gruppe und versuchten von den Menschen eine Antwort zu erhaschen, ihnen das gleiche Gefühl der Lebhaftigkeit zu vermitteln, wie es ihnen selbst zu eigen war. Dies zeigte manchmal unangenehme Wirkungen, da unsere Gefühle sich wesentlich von ihren unterscheiden und sie deswegen mit Unmut hätten reagieren können.

Ein Waldbrand beginnt immer in geringem Umfang und zunächst sind nur wenige eidechsenartige Feuerwesen, wie in jedem anderen Feuer, anwesend. Dehnt das Feuer sich aus und greift auf Bäume über, so ertönt ein Aufruf an die größeren unter ihnen. Sie kommen voller Freude herbeigewirbelt, tanzen und springen in den Flammen und mischen sich unter die kleineren Wesen, welche sozusagen die Flammen beseelen. Die meisten der Waldelfen flüchten vor dem Feuer. Sie versuchen, den Tieren so gut es geht zu helfen, aber sie vermögen wenig auszurichten, und so flüchten sie und kommen erst wieder, wenn die Flammen mehr oder weniger erloschen sind. Wenn die großen Bäume verbrennen, sterben sie, doch die Baumgeister versuchen, sich so weit wie möglich in den Baumstamm zurückzuziehen, um das Leben des Baumes zu erhalten. Sie wissen, dass die Salamander nicht zu ihren Freunden gehören, doch im Elfenreich besitzt Tragik einen anderen Sinn als bei uns, obwohl die Waldelfen beim Anblick der verbrannten Pflanzen trauern, da sie ihnen soviel Liebe und Arbeit gewidmet haben. Da sie Realisten sind, beginnen sie sofort wieder mit der Wiederherstellung und arbeiten doppelt hart, denn es ist schwierig, in den verkohlten Überresten wieder Leben zu bewirken. Sie spüren die winzigen Lebensfunken auf und hegen und pflegen sie. Erlischt der Waldbrand, verschwinden die Salamander. Wohin begeben sie sich? Die Antwort darauf ist ziemlich interessant.

Als ich mich im Grand Canyon in Arizona aufhielt, beobachtete ich etwas Einzigartiges. Der Grand Canyon wird von einem großen Engel bewohnt, nicht nur was seine Gestalt angeht. Seine Größe äußert sich auch in seiner edlen spirituellen Persönlichkeit, und er wird in jeder Beziehung der einzigartigen Natur des Ortes gerecht. Sein physischer Körper stellt den Canyon dar, d.h. sein Bewusstsein umfasst das ganze Gebiet von 300 Kilometern Länge und etwa 20 Kilometern Breite sowie viele Kilometer Tiefe. Er beseelt die gesamte Region. Nimmt er Form an, so ist er von schöner und majestätischer Gestalt, etwa vier Meter groß, mit dunklem Haar und dunklen Augen.

Seine Gestalt wird von einer leuchtenden Lichthülle umgeben. Bei seiner Aufgabe unterstützen ihn viele Engel tieferen Ranges, deren Führung ihm obliegt. Unter seiner Führung befinden sich auch einige Elfen, die ich nirgendwo anders gesehen habe. Sie sind etwa 60 - 90 cm oder mehr groß. Ihre Gesichter sind eigenartig und sie werden von einem schimmernden purpur- und feuerfarbenen Licht umhüllt. Die meisten von ihnen treffen wir in der Nähe des Bodens an, während andere im Canyon umherschweben und sich auch über dessen Rand erheben. Eine weitere Art Elfen ist kleiner, vielleicht nur 30 cm groß, braunrot gestreift mit menschenähnlichen Gesichtern und Körpern. Sie leben in der Erde und entsprechen annähernd der klassischen Beschreibung der Gnome, da sie gebückt gehen, wie kleine alte Männer. Ihre Gesichter sind so ausgeprägt, dass man sie mit Bärten verwechseln könnte. Unten am Flußbett gibt es eine weitere Art von Wesen, Feuerelfen, große Salamander, die in einer so genannten Feuergrotte hausen.

Hier scheint sich entschieden ein Zentrum reiner unterirdischer Energie zu befinden, etwa so wie in einem Vulkan, doch zu anderen Zwecken bestimmt. Außerdem verströmt der Engel des Canyon ebenfalls reine Elementarkraft. Er überwacht die Tätigkeit im gesamten Canyon, dessen Geist er ist, und er stellt alles unter seinen Schutz. Die Arbeit selbst wird von anderen Engeln ausgeführt, die im Aussehen den Vulkanengeln gleichen, jedoch edlere und höherstehende Wesenheiten sind.

Von der Grotte, in der man die mächtigen Feuerengel sieht, fließen Energielichtströme in und durch den Körper des Canyon-Engels. Diese Lichtströme durchstrahlen alle Teile des Canyons und weit darüber hinaus mit ihrer Energie.

Sie stellen jedoch nur ein Übermaß jener Energien dar, deren Hauptanwendung in der Grotte erfolgt. Dort entziehen große Feuerengel die Elementarkraft aus dem Erdinnern, lassen sie sozusagen durch ihren Körper wirbeln und leiten sie in ein Sammelreservoir. Aus diesem Reservoir wird Energie von solchen Engeln aufgenommen – falls erforderlich – die an der Schöpfung von Feuerelfen oder Salamandern mitwirken. Die mit dieser Aufgabe betrauten Engel bewirken einen Rhythmus, mit dessen Hilfe sie die notwendige Energie aufnehmen; durch ihre Gedanken bilden sie daraus eine Form und durch eine Art von besonderem Rhythmus (in Indien würden wir es Mantram nennen) verleihen sie dem soeben entstandenen Geschöpf Leben. Auf diese Weise entstehen

Salamander. Gewöhnlich konzentrieren sich immer zwei Engel auf die Schöpfung eines Salamanders; die Salamander sind sozusagen der Geist des Feuers. Sie verweilen nicht an diesem Ort, sondern begeben sich zu den Stellen an der Oberfläche der Erde oder unter die Oberfläche, wo sich die Ströme des Vulkanismus – die Vulkane – befinden oder plötzlich ein großes Feuer ausbricht. Sie sind der Geist der starken Hitze in den Tiefen der Erde und sind nur glücklich, wenn große Feuersbrünste ausbrechen.

All diese Worte vermögen nicht die gewaltige Lebenskraft zu beschreiben, die aus dieser fremdartigen unterirdischen Werkstätte hervorgeht. Der gesamte Ort ist wunderbar und erstaunlich – hier vollzieht sich das Leben in den Tiefen der Erde. Unser ganzes Universum mit seiner Vielfalt von Leben ist voller Wunder und erstaunlicher Dinge.

Kapitel XI

Luftelfen

Bei den Luftelfen unterscheidet man zwischen zwei Arten. Die eine stellt eine große, gemischte Gruppe dar, die deswegen Luftelfen genannt werden, da die Luft ihr einziges Element ist. Die andere Art bildet eine große, doch mehr oder weniger geschlossene Gruppe, die sich nicht allein auf die Luft beschränkt. Bei letzteren handelt es sich nicht um Luftelfen im strengen Sinne, sondern um hochentwickelte Wesen, die über ihre Erd-, Wasser- und sogar Feuererfahrung hinausgewachsen sind und sich durch ihre Intelligenz aus den damit verbundenen Beschränkungen zu lösen vermochten. Diese Wesen werden Sylphen genannt. Ich werde diesen Namen hier auch benutzen, da er mir zum einen passend erscheint und zum anderen Irrtümer ausschließt. Ich werde die Sylphen später in Einzelheiten beschreiben. Im Augenblick sei gesagt, dass sie über eine hohe Intelligenz verfügen, sehr hilfsbereit und verschiedenen Ursprungs sind.

Die richtigen Luftelfen bestehen aus drei Gruppen. Sie sind von Natur aus halb Wasser- halb Luftelfen. Die erste Gruppe existiert in den Wolkenmassen.

Ihre Größe schwankt, doch im Großen und Ganzen darf man sie als groß bezeichnen, mit lockerer Struktur, umfangreichen Formen, mit schmalen, mehr oder weniger menschlichen Gesichtern und wolkenartigem, hinter ihnen her flatterndem Haar. Ihre ganze Struktur darf wolkenartig genannt werden. Sie sind auch als Sylphen bekannt. Anstatt sich zu verkleiden, wie es die Angewohnheit der Festlandselfen ist, besteht ihr Spiel darin, aus Wolkenmassen vielerlei Formen zu bilden.

Die Wolkengeister sind die Bildhauer des Elfenreiches, und sie empfinden ein Gefühl der Zufriedenheit, wenn sie auf ihren Wolken dahinschweben und aus ihnen Formen bilden. Was ihre Arbeit anbetrifft, so folgen sie gern den Vorschlägen anderer, und oft besteht das Spiel der Kinder darin, aus den Wolkenmassen Formen, Figuren und Gestalten herauszulesen. Denkt man fest genug an die Elfe, antwortet sie auf das Spiel und versucht, die entsprechende Form zu schaffen. Es ist allerdings nicht gut, ihnen den eigenen Willen aufzwingen zu wollen, da sie sich dann sehr ausweichend verhalten, doch solange es ein Spiel bleibt, gehen sie bereitwillig darauf ein. Ihre Intelligenz ist nicht so hoch entwikkelt, doch sie üben in der Natur eine wichtige Funktion aus. Sie lenken die kleinen Wolkenmassen und tragen auf diese Weise zur Ansammlung von großen Wolkenmassen bei, um so Regenfälle herbeizuführen. Haben sich die Wolkenansammlungen aufgelöst, ziehen sie sich zu den Bergseen, ans Meer und in den Nebel zurück. Wie alle Luftwesen sind sie freundliche Geschöpfe. Manchmal sind die Wolkengeister von zarten Pastelltönungen umgeben, und wenn sie durch die Luft gleiten und miteinander spielen, so ist dies oft ein schönes Schauspiel. Sie bilden ihre Wolkenformen mit genau dem gleichen Ernst wie ihn ein Kind beim Bau von Stein- und Sandburgen zeigt. Sie lieben auch die Empfindung, die dabei entsteht, wenn sie von Wind und Regen in einem Sommergewitter herabgewirbelt werden. Wolkengeister lieben vor allem Sonnenaufgang und Sonnenuntergang, da die durch die Wolken hindurchscheinende Sonne eine liebliche Wirkung entstehen läßt. Sie bewundern solche Sonnenauf- und -untergänge aufgrund der Wirkung, die sich dadurch in ihrer Welt einstellt. Freuen wir uns an einem schönen Sonnenuntergang, so sind sie ganz besonders bemüht, uns einen herrlichen Anblick zu bieten.

Ich erinnere mich vor allem an Sonnenuntergänge in den Tropen, als ich noch ein Kind war und alles voller Begeisterung beobachtete und versuchte, zu diesen Wesen Verbindung aufzunehmen. Ich erfreue mich auch heute noch an ihrem Spiel, doch selbst nach Jahren der Beobachtung begreife ich noch immer nicht ihre komplizierte Beziehung zu Naturgeschehnissen wie Regen, Schnee und verwandten Phänomenen. Die typischste Elfe ist wahrscheinlich die Sturmelfe. Diese Elfen sind klein, etwa 1,20 - 1,50 Meter groß, sie besitzen eine Gestalt und sind schön. Sie sind entsprechend dem Bild des Menschen wohlgeformt, ihre Gesichter sind sonderbar schmal und von herabfließendem Haar umrahmt. Ihre Hauptfarbe entspricht der Tönung der Silberbirke und weist leichte Schattierungen von zartblau und violett auf. Man sieht immer einige von ihnen, da oft etwas Wind weht, doch ihre Beziehung zum Wind ist nicht so vertraut wie die von Wolkenelfe zu Wolkenelfe. Sie kommen selten zur Erde herab, und man sieht sie hauptsächlich in großen Gruppen hoch oben am Himmel. Falls jedoch ein starker Wind bläst, begeben sie sich zur Erde oder zur Ozeanoberfläche herab. Sie besitzen eine hochentwickelte Intelligenz und stehen den Sylphen sehr nahe. Vielleicht handelt es sich hierbei um Sylphen, die besonders mit dem Wind verbunden sind, von dem später noch die Rede in Zusammenhang mit dem Hurrikan sein wird. Wie alle anderen Elfen arbeiten Sylphen unter der Leitung von Engeln. Ihre „Vorgesetzten“ entstammen der Gruppe der Engel, die mit den Stürmen zu tun haben, und entsteht ein großer Sturm, kommen sie deswegen zusammen.

So wie Regenstürme die Höhepunkte im Leben der Wolkenelfen darstellen und andere Elfen sich wieder an anderen Dingen erfreuen, so gereicht der Windsturm zur Freude dieser Elfen. Sie fegen im Wind über die Wälder dahin, über die Erde und werden normalerweise nur auf den Gipfeln der hohen Gebirge gesehen. Sie sind die „Vorgesetzten“ der Wolkenelfen und leiten sie.

In ausgesprochen großen Höhen findet man die letzte Gruppe der Luftgeister. Es handelt sich hierbei um erstaunliche Riesenwesen, und sie gleiten wie Drachen dahin. Es ist schwierig, ihre Länge zu bestimmen. Sie sind riesig und weisen ein schuppiges Äußeres auf. Mit ihrem Riesenkopf, ihrem langgestreckten Körper und Schwanz sowie den großen Augen erinnern sie an den traditionellen chinesischen Drachen. Sie erscheinen in allen lebhaften und ausgeprägten Farbtönungen. Ich weiß nicht, worin ihre Aufgabe besteht. Ihre Intelligenz ist wenig entwickelt und trotzdem dienen sie als elektrische Energie- und Kraftzentren. Sie gleiten am Himmel sehr hoch über den Wolken dahin und befinden sich wahrscheinlich in schneller Bewegung. Sturmelfen entziehen ihnen Energie für eigene Zwecke. Es mag eigentümlich klingen, doch es ist Tatsache, dass man sie mit riesigen, prähistorischen Kühen am Himmel vergleichen könnte, die zum Zweck der Energienutzung gehütet werden. Sie begeben sich niemals in niedrigere Sphären und befinden sich hoch oben über allem Sturmgeschehen. Aufgrund ihrer Fremdartigkeit sind sie interessant, doch ich weiß mit ihnen nichts anzufangen.

Conan Doyle schrieb einst eine Geschichte mit dem Titel „The Horror of the Heights“, die sich auf diese Wesen beziehen mag.

Gleitet eines von ihnen dort oben vorbei, so ist es möglich, zu ihm Kontakt aufzunehmen. Doch außer einem unbestimmten Gefühl verspüre ich keinerlei Gedanken oder direkte Reaktionen. Ein Engel sagte mir jedoch, dass diese Drachen hauptsächlich als Energiespender dienen. Engel und Elfen entziehen ihnen während ihrer Arbeit Energie und beeinflussen auf diese Weise das Wetter bis zu einem gewissen Grad. Die Wolkenelfe scheint teilweise zur Wassergruppe zu gehören. Die Drachen sind wahre Luftgeister, und auch Sturmelfen bringen das Luftige in ihrem Charakter zum Ausdruck.

Doch die wirklichen Geschöpfe des Luftreiches sind die Sylphen. Sie gehören zu der hochentwickeltsten Elfengruppe überhaupt, sind lieblich anzusehen und es ist angenehm, mit ihnen Bekanntschaft zu schließen. Sie besitzen vollkommen menschliche Gesichtszüge und eine Gestalt. Sie haben schöne Kindergesichter, abgesehen davon, dass sie weitaus lieblicher sind als jedes Menschenwesen. Sie werden von einem opalfarbenen Schleier umhüllt und bieten einen prächtigen Anblick. Sie sehen aus wie Menschen, die von dieser schimmernden Substanz umhüllt sind, durch die man sich an Opale im Sonnenlicht in den zartesten Tönungen erinnert fühlt. Ihre Körperbeschaffenheit weist eine feinere Struktur auf als die anderer Elfen. Folglich wäre es für den Durchschnittsmenschen schwieriger, sie wahrzunehmen. Andererseits übertrifft ihre Intelligenz die anderer Elfen, und es ist viel einfacher, mit ihnen in Verbindung zu treten, da sie Gedanken zu lesen vermögen. Man muß sich um das gegenseitige Verstehen nicht sehr bemühen. Viele von ihnen übertreffen sogar den Durchschnittsmenschen hinsichtlich des Verstehens. Ein anderes Merkmal liegt darin, dass sie nicht an einen Ort oder eine Arbeit gebunden sind.

Da sie so ungebunden sind, vermögen sie vielerlei Tätigkeiten nachzugehen. Der Ehrgeiz einer Sylphe besteht darin, ein Engel zu werden. Sie haben diese Stufe schon fast erreicht und vermögen sich durch ihre Bemühungen auf der nächsten Stufe als Engel zu inkarnieren. Sie versuchen, dieses Ziel zu erreichen, indem sie sich dicht bei den Engeln aufhalten und ihnen und selbst der Menschheit nach besten Kräften dienen. Durch Dienen und Verständnis um die Aufgaben der Engel vermögen sie höhere Ebenen zu erreichen. Gewöhnlich werden sie zum Helfer eines Engels und lernen, ihm zu dienen; sie führen bestimmte Aufgaben aus, die er ihnen zuweist und dienen ihm als Bote oder unterstützen ihn in persönlichen Angelegenheiten. So sind viele Engel von mehreren Sylphen umringt. Auf diese Weise vermag die Sylphe ihre Erfahrungen und ihre Liebesfähigkeit zu erweitern, wovon vor allem letzterem Bedeutung zukommt. In ihrer Beziehung zum Engel liegt viel Sanftheit und Zartheit, da sie überglücklich ist, dem Engel zu dienen. Sie ist oft stolz darüber. Sie liebt im reinsten und wahrsten Sinn des Wortes ihren Engelvorgesetzten, und diese Beziehung drückt eine solche Zartheit aus, die für den Menschen fast unfassbar ist, da dieses Gefühl bei ihm immer gewisse Anklänge physischer Anziehung beinhaltet. Die Sylphe befindet sich ständig im Zustand der Liebe – auf einer ganz anderen Ebene!

Einige Sylphen arbeiten viel mit Menschen. Häufig besteht ein Teil ihrer Arbeit darin, den Leidenden zu helfen und sogar Menschen vor dem Tod zu bewahren. Sie dienen Menschen auch als Schutzengel und warnen sie vor bevorstehenden Schwierigkeiten. Man trifft sie auch oft in Krankenhäusern, vor allem bei den Sterbenden.

Es ist ihnen eine Freude, soeben verstorbenen Kindern zu helfen, die sich auf der anderen Seite fremd und verloren vorkommen. Sie spielen mit ihnen und erzählen ihnen die schönsten Märchen. Sie zeigen ihnen herrliche Spiele und nehmen sie zu lieblichen Orten mit. Sie fühlen sich überaus glücklich, den Kindern zu helfen, da sie, wie die übrige Welt, kleine Wesen über alles lieben. Solche Kinder sehen der Rückkehr ihres Sylphen-Besuches mit großer Vorfreude entgegen. In Büchern des Mittelalters liest man oft über Sylphen im Dienst von Zauberern, und so abergläubisch es klingen mag, es ist wahr. Anstatt den Engeln, dienen sie auch Menschen, um entsprechende Erfahrungen zu machen. In der gesamten Literatur, die ich kenne, entspricht dies der Charakterisierung einer Sylphe. Die Tatsache, dass Ariel sich seinem Meister durch Respekt und Liebe verbunden fühlte, sein Übermut, seine schnellen und gewandten Handlungen, die durch die Macht des Prospero unterstützt wurden, seine tolerante Haltung gegenüber allen Geschöpfen, seine Beherrschung des einfältigen Caliban, die Beherrschung aller Elemente – all dies zeigt auf, dass das Wissen des Dichters auf diesen Gebieten genauso tiefgründig ist wie auf jenen, auf denen er seine Fähigkeiten bereits unter Beweis stellte.

Sylphen gestalten ihr Luftreich sehr lieblich. Ihr huldvolles Dienen und ihre treue Ergebenheit sind voller Bescheidenheit, ihre Wahrnehmung so scharf und lebhaft, ihr Übermut so betont, dass diese Eigenschaften zur Einzigartigkeit der Luftelfen beitragen.

Wasser besitzt seine eigene Fröhlichkeit, Feuer ist beunruhigend schön, doch nur im Luftelement findet man diese himmlischen Geschöpfe mit ihrem klugen und liebevollen Verständnis für die Menschheit, gepaart mit gewaltiger Engelsmacht.

Ein weiteres Merkmal des Luftreiches besteht darin, dass kein physisches Leben vorhanden ist, auf das sich alles gründet. Die Festlands- und Wasserelfen sind mit einem vielfältigen physischen Leben befasst, selbst Felsen sind lebendig und das tiefe Meer beherbergt Leben. Doch die Luft ist der Ort unendlicher Freiheit. Daher gibt es kein Gefühl der Gedrängtheit, sind Ordnung und Organisation von geringer Bedeutung. Weite Gebiete des Himmels weisen fast keine Lebewesen auf. Der Himmel nahe der Erde ist fast gänzlich „unbevölkert". Die Sylphen verharren in der Nähe der Erde und schweifen je nach Erfordernis umher. Zu gewissen Zeiten erscheint die spärliche „Bevölkerung" der Wolken viel höher und man beobachtet auch die Sturmelfen. Schließlich schwebt hoch oben in großer Entfernung der Drachen über uns.

Das Luftelement ist jenes, mit dem man immer die Freiheit gleichsetzt und gleichgesetzt hat.

Kapitel XII

Der Hurrikan

Als ich mich in Miami, im Staate Florida, aufhielt, geschah es, dass 1920 zwei Hurrikane über das Land brausten. Zu jener Zeit bat ich den Engel des Meeres, mir das Ereignis zu erklären. Er tat dies, indem er mir viele mentale Bilder zusammen mit den entsprechenden Empfindungen übermittelte. Es gibt jedoch im Kontakt mit Engeln eine Schwierigkeit.

Was sie als einen Gedanken betrachten, sind für uns ungefähr zwanzig, und folglich dauert es lange, um das zu verarbeiten, was sie uns übermitteln. Die Gefahr der Verwechslung und Vermischung von Gedanken ist groß, da unser Begreifen sich zu langsam vollzieht.

Die Szene begann mit einem Ausblick auf die Bucht (seiner Heimat), deren Schönheit sich in tropischem Frieden unter dem sonnigen Himmel entfaltete. Der Engel und seine Elfen verrichteten voller Freude und Heiterkeit ihre täglichen Aufgaben. Dies war zwei Tage vor Ausbruch des Hurrikans.

Ich sollte hinzufügen, dass es eine Hierarchie der Engel und Devas gibt, und in diesem Fall wollen wir uns mit der Hierarchie der Meeresengel beschäftigen. Die unmittelbaren Nachbarn des Engels der Bucht sind Engel, die wie er den gleichen Rang innehaben. Doch es gibt noch eine größere, höhere Wesenheit, die gewaltige Bereiche des Meeres überwacht. Wie ich vorher schon beschrieben habe, befinden sich in jedem von Meeresengeln beherrschten Gebiet – wie in der Bucht – Strudel, die den Hauptsitz des Bewusstseins jedes Engels verkörpern. Solch ein Ort stellt einen festgesetzten Punkt dar und darf als Herz des entsprechenden Gebietes bezeichnet werden. Es gibt ähnliche Strudel in der Luft, zwar nicht so zahlreich, die den Engeln der Luft auf gleiche Weise dienen. Das Ausströmen der Energie zwischen einem Luft- und Meeresstrudel ruft verschiedene Arten von Stürmen hervor. So gibt es einen beständigen Energieaustausch zwischen den Engeln des Meeres und denen der Luft. Tatsächlich liegt das Energiegleichgewicht in Händen des dafür zuständigen Engels.

Ihre Körper sind der Ort der Energie und beeinflussen den Fluss und das Ausströmen von Energie. Eine gewisse – wahrscheinlich kleine – Anzahl von höheren Engeln lenkt auf diese Art das Naturgeschehen auf der ganzen Welt und hält die Naturkräfte im Gleichgewicht. Unser Freund, der Engel der Bucht von Biscayne, bildet so Teil einer Einheit im gewaltigen Netzwerk der höheren und niederen Wesen. Die allerhöchsten Ränge verfügen über die Macht, weit im Voraus die Zukunft zu planen. Sie kennen die kleinsten Geschehnisse, die der Mensch immer Gott zugeschrieben hat. Es würde kein Spatz vom Himmel fallen, ohne dass sie es merkten.

Zu bestimmten Zeiten scheint sich zuviel Energie, sagen wir in der tropischen Zone, anzustauen, und dann ist es notwendig, die Energie zu verteilen. Es entsteht ein Hurrikan oder es kommt zu einer anderen Form von Naturkatastrophe. Dies vollzieht sich jedoch nicht blindlings oder auf das Geratewohl, sondern richtet sich nach einer wunderbaren Ordnung, die ich näher erläutern will, indem ich auf das Beispiel von Miami zurückkomme. Es liegt mir daran zu betonen, dass ich vom Standpunkt und aus der Sicht eines Meeresengels berichte. Die folgenden Ausführungen über die Entstehung und den Ausbruch des Hurrikans entsprechen meinem Verständnis seiner Beschreibung.

Die großen Engel, die das Gleichgewicht in der Natur aufrechterhalten, entschieden, dass über dem Land eine Energieentladung in Form eines Sturmes stattfinden sollte. Sie bestimmten den Ausgangspunkt und das Gebiet und ernannten dann einen Engel, der den Sturm überwachen, die Einzelheiten vorbereiten und die Entwicklung des Sturmes bis zu dessen Ende verfolgen sollte.

Der Sturm begann damit, dass ein gewisser Punkt etwas aus dem Gleichgewicht geriet und sofortige Aufmerksamkeit erforderte. Der Engel des Hurrikans, der für diese Aufgabe ausgewählt worden war, besaß eine Größe von etwa sechs Metern und man konnte meinen, er sei von Blitzen umgeben, in elektrische Kleidung gehüllt. Er entsprach etwa dem Bild des Zeus mit dem Donnerkeil aus der griechischen Mythologie. Er hatte ein machtvolles, von blondem Haar umrahmtes Gesicht mit leuchtenden grauen Augen, das herrlich anzuschauen war, und man verspürte in seiner Anwesenheit angesichts soviel Macht ein Gefühl der Ehrfurcht. Diese Sturmengel sind selten, da sie keinen bestimmten Bereich überwachen, sondern mit den Stürmen über die Erde brausen. Sie sind hochstehende Wesenheiten und besitzen vollkommene Unerschütterlichkeit und einen Scharfsinn von mathematischer Genauigkeit. Selbst der Engel der Bucht von Biscayne steht ihm mit Ehrfurcht gegenüber und gab dies unumwunden zu. Der Engel des Hurrikans begann sein Werk, indem er einige Engel auswählte, die ihn darin unterstützen sollten; sie ähnelten ihm von der Erscheinung her, waren aber kleiner und noch nicht so hoch entwickelt. Weiterhin wurde er von einigen anderen Engeln begleitet, die ich nur als Engel des Lebens und des Todes zu bezeichnen vermag. Sie begleiteten den Engel des Hurrikans, um den menschlichen Aspekt des Sturmes zu überwachen, d.h. die Wirkungen des Hurrikans auf die Menschheit.

Der Engel der Bucht war, wie bereits gesagt, von dem bevorstehenden Ereignis in Kenntnis gesetzt worden.

Das Bild, das er von der Versammlung der Engel übermittelte, war ziemlich erheiternd. Es zeigte die Engel, die über den kommenden Sturm sprachen und sich fragten, inwieweit er jeden einzelnen von ihnen betreffen würde. Der Engel der Bucht besitzt künstlerisches Empfinden und einen gewissen ausgelassenen Humor, vergleichbar mit irischem Humor, und seine Porträts dieser diskutierenden Konferenz waren herrlich lebensnah und malerisch.

Die offiziellen Bekanntmachungen verhießen Schlimmes. Der Engel des Hurrikans warnte zuerst die Engel der Luft und des Meeres, die sich an der Stelle des Sturmausbruches befanden. Er erteilte Anweisungen, alle Energien zurückzuhalten, um zu gegebener Zeit bereit zu sein, diese zu entladen. Er nannte ihnen eine bestimmte Zeit, die er einige Stunden zuvor festgelegt hatte. Anschließend an diese Anweisung verkündete er eine Bekanntmachung an alle Engel entlang der Verlaufslinie des Hurrikans, die er und seine „Kollegen" festgesetzt hatten. Dieser Vorgang vollzog sich dermaßen, indem die Engel des Ausgangspunktes die Nachricht an ihre Nachbarn entlang der Verlaufslinie weitergaben, bis schließlich der Engel der Bucht sie ebenfalls vernahm. Er begann sofort mit seinen Vorbereitungen, die von „Gebietsvorgesetzten" überwacht wurden. Er berief eine Zusammenkunft seiner Elfen ein und erklärte ihnen, soweit sie es verstanden, was passieren würde. Dann begann er, seinen Strudel mit Energie zu versorgen, um eine Energieballung hervorzurufen. Da er sich am Rande des betroffenen Gebietes befand, hatte er eine wichtige Position inne.

Selbst seine Nachbarn versorgten ihn mit Energie. Als die Stunde des Sturmausbruches näher rückte, beschleunigte er seine Vorbereitungen, um einen höheren Grad der Kraft zu erreichen. Ich unterbreche hier die Ausführungen und begebe mich erneut zum Entstehungsort zurück.

Zur festgelegten Stunde erschien der Engel des Hurrikans mit seinen Begleitern. Er ließ einen Aufruf ertönen, der wie der Schlachtruf einer alten Trompete erklang. Bei diesem Ton lief durch die Reihen der Engel, angefangen beim Ausgangspunkt bis zum Endpunkt, eine Erschütterung. Alle Engel entlang der Sturmlinie vereinigten sich und verschmolzen mit dem Bewusstsein des Hurrikanengels. Unter den Luftelfen gibt es bestimmte Sturmelfen, und der Aufruf des Engels des Hurrikans bewirkte, dass Hunderte von ihnen aus allen Richtungen herbeifegten. Mit seinem Aufruf entlud der Engel Energie in Richtung des vorgesehenen Sturmes und leistete so seinen persönlichen Beitrag zum Geschehen. Dieser Vorgang wurde gleichzeitig von einer Entladung überschüssiger Luftenergie durch die Engel des Wassers begleitet. Dann nahm der Sturm, wie ein riesiger Flammenball, in dem sich Engel und Elfen – der Engel des Hurrikans in der Mitte – eingeschlossen befanden, seinen vorgezeichneten Weg. Die örtlichen Vorbereitungen näherten sich ihrem Höhepunkt, da der Feuerball auf jeden Luft- und Wasserstrudel zusteuerte.

Mit der Ankunft des Engels des Hurrikans entlud sich die gespeicherte Strudelenergie in das Sturmzentrum, und der Sturm nahm von Strudel zu Strudel an Stärke zu. Die Elfen, welche unter der Leitung des Engels der Bucht arbeiteten, trugen ebenfalls ihren Teil dazu bei. Der gesamte Vorgang gestaltete sich für sie recht vergnüglich. Sie schossen in die Luft, wenn der Sturm ihren eigenen Strudel erreichte und versuchten, sich vom Sturm tragen zu lassen, während sie ihren eigenen kleinen Energiebeitrag leisteten. Danach taumelten sie ins Wasser zurück. Einigen gelang es, sich vom Sturm weitertragen zu lassen. Sie fanden erst nach einiger Zeit wieder zum richtigen Ort zurück. Selbstverständlich hatten sie nach Beruhigung des Sturmes Extraarbeit zu leisten, doch sie genossen die durch den Hurrikan hervorgerufenen Empfindungen über alles.

Als der Sturm den Engel der Bucht erreichte, war dieser bereit. Seine Aufgabe lag, wie bereits erwähnt, darin, seine Energien zurückzuhalten. Des weiteren war er mit der Leitung seiner Aufgaben stärker als sonst beschäftigt, da der Hurrikan an dieser Stelle das Land erreichte. Als der Engel des Hurrikans eintraf, vollzog sich die Energieentladung unter Einbeziehung des Meeres in überwältigender Weise. Der Aufprall an der Küste rief einen solchen Schock hervor, dass die gesamte Organisation des Engels der Bucht kurz unterbrochen wurde. Die Elfen hatten dieses Ereignis bereits erwartet und waren bereit, sich vom Sturm davontragen zu lassen. Doch als es so weit war, war die Wucht des Aufpralls so gewaltig, dass sie zurückgeworfen wurden und vorübergehend aus der Bahn des Hurrikans gerieten. Sie kamen jedoch wieder schnell zur Besinnung und folgten dem Sturm, indem sie ihre Energien einfügten und mit ihm das Land erreichten.

Der Engel des Festlandes an der Küste von Miami wusste, was bevorstand, doch er verhielt sich passiv, da er nichts zu tun vermochte, um den Sturm zu vermeiden, und nahm ihn als sein Schicksal auf sich. Er war nicht gerade erfreut, da die Engel des Festlandes die Vernichtung von Pflanzen und Bäumen missbilligen und hier auch noch Menschen unter der Katastrophe zu leiden hatten. Wir sollten nicht vergessen, dass ein Sturm auf dem Meer fast keinen Schaden anrichtet, er aber Unheil bringt, wenn er über das Festland hinwegfegt. Im Laufe der Zeit erholen sich die Pflanzen und alles andere Leben unter der Fürsorge der Elfen. Nachdem der Sturm das Festland berührte, nahm sich der Engel des Hurrikans voller Aufmerksamkeit der Leitung des Sturmgeschehens an, da viele komplizierte Lebensformen in Mitleidenschaft gezogen wurden. Die ihn begleitenden Engel des Lebens und des Todes waren bereit, denn der Sturm forderte seinen Tribut unter den Menschen. Es scheint unglaublich, es sei denn, man sieht es auf den inneren Ebenen, dass in einem solchen Aufruhr Ordnung herrscht. Wir sollten daran denken, dass nicht nur der Engel des Hurrikans über große Intelligenz verfügt, sondern sich alle Engel hinsichtlich Zusammenarbeit, Organisation und Ordnung auszeichnen. Natürlich war der Engel des Festlandes bemüht, soviel wie nur möglich zu retten, vor allem Bäume und Tiere. Seine Elfen unterstützten ihn darin, indem sie ihren Einfluss auf verirrte Tiere und

Vögel ausübten, so deren Instinkt verstärkten und die Tiere sich mit ungewöhnlicher Klugheit in Sicherheit brachten. Was die Bäume anbetrifft, ist alles, was die Elfen zu tun vermögen, sie darin zu bestärken auszuhalten.

Während des Sturmes strahlte der Engel des Gebietes um Miami Festigkeit und Stärke aus, was sich auf die Menschen und Elfen übertrug. Er ist eine große, ruhige Persönlichkeit mit viel Lebensfreude, die durch das von ihm behütete Land und dessen Klima noch gefördert wird. Er bringt Miami viel Zuneigung entgegen und weiß dessen Ausdehnung sehr zu schätzen. Dies bedeutet indirekt mehr Farmen und Obstanbau, was ihm und seinen Elfen die Gelegenheit zu neuem Wirken und zu neuem Experiment gibt. Er missbilligt jegliche unechte Hochkonjunktur oder unkontrollierte Bodenbebauung, da dies mutwillige Zerstörung des Landes bedeutet. Solches, wozu auch die nutzlose Zerstörung der Wälder im Nordwesten gehört, erfüllt ihn mit Ärger. Die Engel haben nichts gegen das weise Lichten der Wälder einzuwenden. Hierbei handelt es sich um einen konstruktiven, dem Leben förderlichen Vorgang, so sehr der einzelne Baum auch unter seinem Absterben leiden mag. Der Hurrikan bedeutete für den Engel von Miami eine Mischung zwischen unkluger Zerstörung seitens des Menschen und der geordneten Entwicklung in der Natur. Da er von seinem „Vorgesetzten" kam, nahm er alles hin.

Die Meereselfen stürmten aufgrund der ihnen übertragenen Aufgaben dem Festland entgegen. Der physische Aufprall zerstörte ganze Gebietsabschnitte, welche unter Sand und Schutt begraben wurden. Folglich gab es für die Meereselfen viel zu tun. Es sei zugegeben, dass es sie freute, da es für sie Abwechslung bedeutete. Das hieß, dass es in einigen Gebieten viel zu tun gab, in anderen weniger, und so für Abwechslung gesorgt war.

Während der Dauer des Sturmes wurden die Elfen von ihm über Land getragen und entfernten sich mehrere Kilometer von der Küste, ein ungewöhnlicher Zustand, den sie als besondere

Erfahrung werteten. Nach einigen Stunden, als der Hurrikan von Miami landeinwärts zog und das Meer sich fast beruhigt hatte, begaben sie sich wieder zurück. Als die Elfen sich nach einigen Tagen erholt hatten, kehrten viele von ihnen zur Küste zurück, um den Engel des Festlandes bei der Arbeit zu unterstützen. Die Energien des Engels von Miami hatten sich gewissermaßen erschöpft, und so halfen ihm die Meereselfen nach besten Kräften. Ihnen ist der gewohnte Zustand auch lieber, obwohl ihnen der Aufruhr des Sturmes nicht unangenehm war.

Der Hurrikan nahm seinen vorgezeichneten Weg und beruhigte sich allmählich. Der Sturmengel und die Sturmelfen zogen sich zurück, bis in Zukunft sowohl seine als auch ihre Dienste wieder benötigt würden. Langsam wurde wieder alles in dem vom Hurrikan heimgesuchten Gebiet hergestellt. Es dauert natürlich Jahre, bis ein solcher Schaden wieder beseitigt ist. Der Mensch mag jetzt unvermeidlich denken, dass die Meereselfen, die Engel des Meeres und vor allem der Engel des Hurrikans selbst schlecht oder böse sind, da sie Leben zerstört haben. Dem ist nicht so. Sie haben Formen zerstört, doch nicht das Leben innerhalb der Form, denn Leben endet nicht. Mehr noch, diese Wesenheiten haben ihre Aufgabe in Übereinstimmung mit den Naturgesetzen vollbracht. Menschen zerstören Eigentum, töten sich gegenseitig und vernichten die Natur in Kriegszeiten um des persönlichen Gewinnes wegen, und sie projezieren ihre eigenen Motive auf die Natur.

Doch die Natur kennt keine persönlichen Gefühle. Die gesamte Zerstörung vollzieht sich auf unpersönlicher Ebene und, mag es auch seltsam klingen, mit einem Gefühl der Liebe, denn der oberste der Engel und die Elfen denken nicht an Vernichtung und suchen soviel wie möglich zu retten. Dies ist weit entfernt vom Krieg, wo der Mensch alles zu vernichten sucht. Die Engel sind gezwungen, den Naturgesetzen zu folgen, ob sie wollen oder nicht. Es entspricht ihrer Aufgabe, es ist der Geist ihrer Natur.

Auch betrachten sie den Tod nicht als etwas Unbekanntes, Schreckliches oder Endgültiges, wie wir es zu tun pflegen. Für sie ist der Tod bloß Zerstörung der Form; das Leben endet nicht, sondern kehrt erneut zu seinem Ursprung zurück. Es kehrt in anderer Form und um neuer Erfahrungen willen in diese Welt zurück. Erfahrung und Weiterentwicklung sind das Wesen aller Dinge.

Nachwort

Heutige Bedingungen

Wenn ich nach all den Jahren, in denen ich mit vielerlei anderen Dingen beschäftigt war, auf dieses Manuskript zurückkomme, stelle ich fest, dass ich mich an vielerlei Eindrücke erinnere, die ich vor vielen Jahren niederschrieb.

Auch wenn der Schwerpunkt meiner Studien in den dazwischen liegenden Jahren wechselte, so habe ich doch die Verbindung zu jenen Wesen, die ich im vorliegenden Buch beschrieb, aufrechterhalten. Das erste, was ich während meiner großen Reisen tue, ist, Kontakt zu den Engeln und Elfen aufzunehmen – wo immer dies auch sein mag. So stelle ich überall ein Gefühl der Einheit mit den dort existierenden Wesen her.

Als die Entscheidung fiel, dieses alte Manuskript durchzulesen und zu veröffentlichen, meinten Freunde, dass sich wohl auch im Elfenreich gewaltige Veränderungen vollzogen haben müssten, so wie dies in unserer physischen Welt geschah. Dies schien gewiss ein interessanter Gedanke, doch erst in dem Moment, als sie vorschlugen, ich solle doch wieder einige derselben Orte aufsuchen, um festzustellen, welche Wirkung die Umweltverschmutzung des Menschen auf das Elfenreich ausgeübt haben mag. Ich war geneigt, diese Idee in die Tat umzusetzen.

Es war mir natürlich nicht möglich, die ganze Strecke bis nach Australien, Java oder Indien zurückzulegen, um Vergleiche durchzuführen, doch ich überprüfte die Bucht an der Ostküste der Vereinigten Staaten. Ich begnügte mich allein damit.

Die Jahre der Ölverschmutzung, der Abfall, den man in den

Ozean warf, die Kohlenmonoxydabgase der Autos und des Menschen beständige Landbebauung, die einen Übergriff auf Bereiche der Elfen mit sich brachte, mussten Auswirkungen gezeigt haben. Wir würden sehen!

Viele Jahre waren vergangen, seit ich jenen bestimmten Strand an einem schönen, kalten Wintertag besucht hatte. Die Bucht befindet sich in der Nähe von Wohngebieten, doch sie erstreckt sich ins offene Meer. Vom Strand aus vermag man gleichzeitig die Bucht und das Meer zu beobachten. Fünfzehn Jahre waren seit der Zeit verstrichen, zu der ich diesen Strand häufig aufzusuchen pflegte, doch er schien mir immer noch sehr vertraut.

In den Sommermonaten drängen sich hier die Sonnenanbeter, doch im Winter setzen sich nur wenige dem Wind aus. Als die Wellen am Strand ausrollten, beobachtete ich zunächst, dass es weniger „Wasserbabies“ und Elfen gab. Es schien auch, dass sie den Wellen nicht mehr bis zum Strand folgten, sondern weiter draußen im Meer blieben und sich in der Brandung wiegten.

Das gesamte Energienetz erschien weniger klar und stark. Es handelt sich hier um das Energienetz des Meeres, das ich vorher beschrieben habe, doch heutzutage erscheint es seltsam. Es vermittelt an gewissen Stellen den Eindruck des Verschleißes und folglich entsteht im Gesamtfluss der Energie eine Disharmonie.

Die Elfen an der Küste – die „Wasserbabies“ – spielten und tobten ausgelassen herum, doch es gibt heutzutage nicht mehr so viele von ihnen. Es ist traurig, denn ihre Anzahl hat abgenommen.

Eine weitere bemerkenswerte Änderung ist, dass es in früheren Jahren eine Symbiose zwischen dem Meer und der Luft gegeben hat, die heute nicht mehr zu existieren scheint, wenigstens nicht vollständig. An den Stellen des Meeres und der Luft, an denen das Energienetz Schaden genommen hat, fließen die Energieströme nicht harmonisch. Ich begreife, dass die „Wasserbabies“ die Umweltverschmutzung nicht zu verstehen vermögen.

Es erweckt den Anschein, dass die Umweltverschmutzung in der Bucht (sie war schon immer in gewissem Ausmaß vorhanden) jetzt schneller zunimmt und sich bis in die Tiefen des Meeres erstreckt, während sie vorher eher oberflächlicher Art war. Der Ölschlamm eines kürzlich erfolgten Tankerunglückes hat diesen Geschöpfen keinen Schaden zugefügt. Sie wissen, dass die Verschmutzung bezüglich des physischen Aspektes des Meeres zugenommen hat; ihre Wahrnehmung entspricht den Tatsachen, wenn sie dies der Menschheit zuschreiben. Jedoch verstehen sie weder, warum dies geschieht, noch warum es nicht mehr so viele Fische gibt. Sie erfüllen immer noch ihre Aufgaben, doch die Ergebnisse sind nicht so zufriedenstellend wie vormals. Da sie meinen, dies sei dem Menschen zuzuschreiben, schenken sie uns weniger Aufmerksamkeit. Es besteht die Neigung zur Furcht und zum Rückzug. Viele Fische und andere Formen des Ozeanlebens haben sich von der Küste zurückgezogen. – Dieser Besuch erfolgte allerdings bei äußerster Kälte, und auch der ganze Winter war streng gewesen. – Die Elfen spüren, dass der Mensch für die Verminderung des Lebens verantwortlich ist, und so zeigen sich selbst Meereselfen dem Menschen nicht gut gesinnt.

Selbst weiter draußen im Meer, im tiefen Wasser, gibt es weniger Leben als vorher. Das unterbrochene Energienetz ist, soweit ich feststellen konnte, von der Küste aus zu bemerken. Da dieser Schaden auf physischen Ursachen beruht, vermögen ihn die Elfen nur teilweise zu reparieren. Seitdem diese Symbiose, die allumfassend ist und sich über die ganze Erde erstreckt, unterbrochen ist, könnte dies auf lange Sicht zu weitreichenden Folgen führen.

Die Luftelfen vermögen sich den Auswirkungen der Umweltverschmutzung leichter zu entziehen, indem sie einfach größere Himmelshöhen aufsuchen. Doch sie sind ebenfalls nicht glücklich. Das Energienetz der höheren Schichten ist mit einem Schleier umhüllt. Auch die Luftelfen scheinen sich zurückgezogen zu haben und nicht mehr gegen die Verschmutzung anzukämpfen. Weder die Luft- noch die Wasserelfen schätzen die Anwesenheit vieler Menschen. Sie führen ihre Arbeit fort, aber es hat sich etwas geändert. Sie fühlen, dass sich die vom Menschen verursachten Schäden ihrer Kontrolle entziehen, fühlen, dass sie sich dem nicht anzupassen vermögen, was sie entmutigt. Offensichtlich trifft dies eher für die Luftverschmutzung als für die Wasserverschmutzung zu, denn das tiefere Wasser draußen im Meer ist sauberer. Der tiefe Ozean regeneriert sich. Ich möchte keine Irrtümer aufkommen lassen. Elfen sind wunderbare Wesen und immer noch wie früher, und das Meer besitzt immer noch die Fähigkeit zur Selbstreinigung. Da die Engel sich auf einer höheren Stufe befinden, erleben sie die Verschmutzung nicht so unmittelbar, zeigen sich aber tief durch ihre Folgen berührt. Den Engeln machen die Auswirkungen der Umweltverschmutzung mehr zu schaffen als den Elfen. Sie wissen, dass die Menschheit auf lange Sicht Mittel und Wege finden wird, um die Umweltbedingungen zu verbessern, doch es gilt, eine gefährliche Zeit zu durchschreiten, eine Zeit großer Belastungen, die sich in den inneren Welten durch einen gewaltigen Druck offenbart.

Diese Zeit der Spannungen und des Mangels an Kohärenz offenbart sich bereits auf dem Meer nahe der Küste im symbiotischen Netzwerk, von dem ich vorher gesprochen habe. Die Verunreinigung in der Bucht ist manchmal außerordentlich. In diesen Zeiten großer Umweltverschmutzung scheint es, als gäbe es eine Art Band (in Ermangelung eines besseren Ausdruckes) dichter Energie, welches die Wechselbeziehung zwischen Erde, Wasser und Luft beeinträchtigt. Die Elfen und „Wasserbabies" sind bemüht, diese Wirkung auszugleichen. Gegenwärtig jedoch sind sie ziemlich bestürzt und scheinen nicht zu wissen, was sie tun sollen. Die Devas, die dem Geschehen fernstehen und die Dinge aus einem größeren Blickwinkel betrachten, wissen, dass der Mensch die Probleme überwinden wird und warten darauf, dass er mit der Wiedergutmachung der von ihm verursachten Schäden beginnt.

In dieser Zeit der großen Umweltverschmutzung flüchten die Luftelfen in höhere Regionen, in denen sie freier sind, doch die armen Elfen in der Bucht entlang der Küste sind nicht sehr glücklich, obwohl sie sich weiter hinaus ins offene Meer begeben könnten. Sie mögen die großen Tiefen nicht, sondern bevorzugen die seichten Gewässer, in denen sie zu leben gewohnt sind. Diese Küstenelfen fühlen sich wirklich mit dem Festland, den Tieren, Pflanzen und sogar mit dem Menschen, dessen Kindern und Haustieren verbunden.

Sie erfüllen ihre Aufgaben, verspüren im Großen und Ganzen jedoch keine sehr enge Verbindung zum Menschen mehr, es sei denn, beide begegnen sich in Wäldern und Tälern, mit anderen Worten, wenn beide die Schönheit der Natur genießen. Es wäre nicht richtig, euch glauben zu machen, dass es ihnen an Lebensfreude mangelt; sie ist Teil ihres Lebens. Sie bemerken, dass gewisse Lebensformen zu existieren aufhören, doch sie erfreuen sich an den noch vorhandenen Bäumen und Pflanzen und verrichten ihre Arbeit mit der gleichen Begeisterung wie vorher.

Zugegeben, es gibt weniger Elfen, aber sie kommen, wie in früheren Zeiten, auch heutzutage ihren Aufgaben nach. Doch durch die Ausdehnung der Städte hat ihre Zahl abgenommen; in vielen kleinen Stadtgärten unterstützen die Elfen das Wachstum der Pflanzen.

Umweltverschmutzung der Städte darf nicht mit der Verunreinigung der Stadtluft allein gleichgesetzt werden, welche selbst dem Menschen auffällt. Eine schlimmere Bedrohung stellt die Zunahme der Gebäude, Fabriken, Schulen, Häuser und Wohnungen dar, die sozusagen die Gebiete verschlangen, in denen früher Elfen lebten. Wie die Vögel und andere Tiere verloren auch sie ihren Lebensraum. Man legte zwar Naturschutzgebiete an, doch diese sind nicht sehr zahlreich. Sie fühlen, dass der Mensch sich mehr und mehr ihrer Gebiete bemächtigt und ihnen immer weniger Lebensraum lässt. Man macht eifrig Gebrauch von Insektenvertilgungs- und Düngemitteln; beide Mittel wirken sich auf die Arbeit der Elfen nachteilig aus. Es wäre empfehlenswert, natürliche Mittel zu verwenden, die ihnen nicht schaden und ebenfalls vor Insektenbefall schützen. Das Gleichgewicht in der Natur zwischen den einzelnen Lebensformen (Vögel, Insekten und Eidechsen) wäre so eher gewährleistet. Chemische Düngemittel – vor allem die synthetischen – eignen sich nicht für die Elfen, während natürliche Stoffe, wie verrottete Substanzen, aus denen sich der Kompost zusammensetzt und der Teil des natürlichen Kreislaufes ist, ihr Dasein nicht beeinträchtigen. Die Verunreinigung der Flüsse und Seen durch chemische und synthetische Mittel beunruhigt viele Wald- und Gartenelfen.

Es geschieht ziemlich oft, dass alle Gewässer eines Gebietes von solchen Substanzen verunreinigt werden.

Dieses Wasser versickert im Boden und unterbricht auf heimtückische Weise den natürlichen Kreislauf und die gewachsene Harmonie. Elfen reagieren auf diese Vergehen sehr empfindlich, die der Mensch so beiläufig und manchmal irrtümlich verübt.

Doch trotz der Veränderungen in der Natur wissen Engel und Elfen, dass das Universum eine Einheit ist. Sie sind Teil eines organischen Ganzen und nehmen es hin. Auch der Mensch wird sich des ganzheitlichen Gedankens immer bewusster, da mit zunehmender Meditation und Verbindung zur Natur das Verständnis wächst und sich eine bewusste Zusammenarbeit entwickelt. Zwischen dem Menschen und der anderen Welt entsteht eine Brükke, der Weg der Zukunft.

Das Weihnachtsfest der Engel*

Für die Schüler auf dem „Pfad der uralten Weisheit" stellt das Weihnachtsfest eine wundervolle Wirklichkeit dar – eine weitaus lebendigere Wirklichkeit, als es sich die meisten von uns vorzustellen vermögen, da sie alles Geschehen der Natur einschließt, nicht nur das Schicksal der Menschheit allein. Für uns ist Weihnachten der Geburtstag unseres Herrn, der Jahrestag seiner physischen Inkarnation auf der Erde; darum versuchen wir, eine Zeit des Friedens und des guten Willens untereinander zu verbringen, eine Zeit wirklicher Einheit und brüderlicher Liebe. Aber haben wir uns jemals darüber gewundert, weshalb zu Weihnachten eine solche Einheit möglich ist, und warum die Menschen gerade zu dieser Jahreszeit tatsächlich einen guten Willen untereinander verspüren und nur an das Geben anstelle des Nehmens denken? Der „Weihnachtsgeist" stellt eine so wahrhaftige und gewaltige Kraft dar, dass wir für das Verständnis seines Wesens tiefer schauen müssen, als ihn lediglich mit der Erinnerung an die Geburt Christi zu erklären, den heutzutage so wenige wirklich im Herzen anzubeten scheinen.

Diejenigen, die ihre innere Wahrnehmung genügend erweckt haben, wissen um den verborgenen Aspekt des Weihnachtsfestes, während der gewöhnliche Mensch derartiges nie vermuten würde, obwohl er auf die Einflüsse reagiert. Wir müssen uns vergegenwärtigen, dass die gesamte Erdensphäre erfüllt ist von geistigen Besuchern, Engeln, Erzengeln und himmlischen Wesen, die auf einer höheren Entwicklungsstufe stehen als wir selbst und für die Leitung und Überwachung der mannigfaltigen Prozesse der Natur verantwortlich sind. Es sind deren Gedanken, Gefühle und Aktivitäten, die eine so wichtige Rolle spielen bei der Erzeugung der besonderen Atmosphäre guten Willens, die sich Weihnachten bemerkbar macht. Zu dieser Jahreszeit erbebt die ganze Erde un-

* Spätere Ergänzung mit Einverständnis von Dora Kunz (d. Vlg.)

ter den wundervollen Energien, welche die Engel ausströmen, und unter dem machtvollen Segen von Christus, der als Antwort ihrer Anbetung herabsteigt. Während der gesamten Adventszeit und sogar noch einige Wochen zuvor werden in den inneren Welten auf unterschiedliche Weise Vorbereitungen für die Feier des großen Festes getroffen; mit jedem Tag werden die Einflüsse stärker und intensiver, bis schließlich am Weihnachtstag der Höhepunkt erreicht ist und die Welt ihr Herz der Sonne öffnet wie eine Blüte ihre Blätter, in die sich ein machtvoller Strom der Liebe und Kraft ergießt, von Christus selbst ausgehend, als irdischer Inkarnation der zweiten Person der Heiligen Dreifaltigkeit.

Wir sollten jedoch nicht denken, es sei die physische Geburt, welche die Engel mit solcher Kraft und Freude feiern. Christus, der Herr, ist tatsächlich ihr Herr und Lehrer, so wie Er es für uns ist; sie erachten ihn jedoch nicht als Menschen, sondern als Engel, wobei die Einzelheiten seines physischen Erdenlebens eher zur menschlichen Vorstellung als zu jener der Engel von Ihm gehört. Tatsächlich unterscheidet sich die Wahrnehmungsweise des Lebens seitens der Engel recht beträchtlich von der menschlichen Sichtweise. Wir betrachten das Universum im Allgemeinen vom formalen Standpunkt aus, denken zunächst an die Form und dann erst an das Leben, welches sie beseelt und mit Energie versorgt – dies ist die typisch menschliche Perspektive. Selbst wenn sich die innere Sicht entwickelt und die Wahrnehmungsfähigkeit der unsichtbaren Welten erreicht ist, schaut der menschliche Betrachter zunächst immer noch auf den Form-Aspekt jener Sphären und anschließend erst auf das Bewusstsein, das sich in verschiedenen Formen ausdrückt. Der Standpunkt des Engels ist genau gegensätzlich, er blickt zuerst auf das Leben oder Bewusstsein und dann, nur als sekundäre Erwägung, auf die Form, in der das Leben wie von einem Schrein eingeschlossen wird – dies ist die typische Sichtweise der Engel. Wenn wir beispielsweise einen Menschen ansehen, sollten wir zunächst seinen physischen Körper betrachten, dann seinen emotionalen, mentalen und kausalen Körper, wobei wir ihre verschiedenen Farben und Streifen wahrnehmen und seinen Charakter und seine inneren Möglichkeiten deren Feinheit und Anordnung gemäß beurteilen. Der Engel würde den Menschen jedoch vom Standpunkt des Bewusstseins aus erfassen. Um zu erkennen, inwieweit Gottes Leben in ihm zur Verkörperung gelangt ist und welche Kräfte sich durch ihn zu offenbaren vermögen, würde er zuerst die Form der höheren Körper ansehen. Dies ist ein fundamentaler Unterschied in der Betrachtungsweise, die jeweils zwei getrennten Linien der Evolution angehört.

Die Wahrnehmung des Weihnachtsfestes seitens der Engel ist ähnlich weitreichend von unserer Wahrnehmung verschieden. Wir erachten Weihnachten als Gedächtnisfeier der menschlichen Geburt Christi, und es stellt für uns weitgehend die Teilnahme an einer Zeremonie, einer Form dar. Selbst in den traditionellen Gottesdiensten der Kirche hat der formale Aspekt des Festes Vorrang. Die Engel erleben Weihnachten hingegen von der „Lebensseite", als Wendepunkt aller Naturkräfte auf jeder Ebene und in jeder Hinsicht, als Zeit eines direkten und machtvollen Ausströmens kreativer Kraft und spiritueller Energie aus Gott selbst heraus. In der nördlichen Hemisphäre (von der alle großen Religionen und Zivilisationen der Welt ausgegangen sind) folgt Weihnachten unmittelbar dem kürzesten Tag der Wintermitte, während es in Teilen der südlichen Hemisphäre genau nach dem längsten Tag des Mittsommers gefeiert wird; folglich markiert es einen Wendepunkt mit tiefer Bedeutung für das verborgene Leben der Natur. Der Wechsel von negativen Kräften, die einen Stillstand der schöpferischen Energien im Winter mit sich bringen, zu den positiven, dynamischen, welche die Erde im Frühling aufblühen lassen, vollzieht sich zu Weihnachten, und weil es dazu dient, diesen gewaltigen Wechsel der Polarität zu ermöglichen und einzuleiten, wird es sowohl im Himmel als auch auf Erden so freudig gefeiert. Es ist eine Geburt im wahrsten Sinne, die gefeiert wird – nicht nur die physische Geburt Christi in Palästina, nicht nur die symbolische Geburt der Sonne, sondern die weitaus wundervollere Geburt des der Natur innewohnenden Christus, die jährliche Erneuerung und Wiedererweckung der schöpferischen Lebenskraft, die zum großen Osterfest ihre herrliche Vollendung erfährt – als dem höchsten Triumph des Lichtes über die Dunkelheit, der Schönheit über die Form. Wegen dieser Einheit von Christus im Himmel mit dem sowohl der Natur als auch dem Menschenherzen innewohnenden Christus, verkörpert die Sonnen-Symbolik die Sonne der Gerechtigkeit, in allen großen Religionen, die von Christus als dem Lehrer der Welt gestiftet wurden. Hierbei stellt die Sonne das ewige Symbol und, auf geheimnisvolle Weise, das direkte Medium Christi dar. Die großen Naturfeste wurden von den Menschen aller Zeitalter genau beobachtet, denn der Mensch hat, als Teil der Natur, an ihrem verborgenen Leben teil, ob er sich dieser Tatsache bewusst ist oder nicht.

Die Engel sind nun die Werkzeuge und Botschafter Christi in der Natur. Sie kontrollieren deren machtvolle Kräfte, gleichen sie aus, lenken ihre Evolution in allen Einzelheiten und wirken als Instrumente des Lebens und als Mittler der Energie Gottes innerhalb der gesamten Schöpfung. Der rhythmische Wechsel der Jahreszeiten ist wahrhaftig ein Ausdruck des Bewusstseins Gottes, doch die Engel-Hierarchie verkörpert seine Vermittler, die für die Veränderungen in den niedrigeren Welten zuständig sind. Weihnachten ist daher eine Zeit gewaltiger Aktivitäten in der Welt der Engel; die Kräfte dieses Reiches werden zeitweise auf die große Arbeit der Vorbereitung für den Einfluss des neuen Lebens gerichtet, und alle Engel, ob ihre Arbeit nun vorrangig mit der Natur verbunden ist oder nicht, verleihen diesem großen kosmischen Fest ihre Unterstützung. Sie weihen sich dem Dienst an Christus, indem sie bei dieser inneren Geburt helfen. Mit größtem Interesse und mit Begeisterung beobachten sie diese Veränderungen und bringen ihre gesamte Kraft in die Arbeit ein – dabei entwickeln sie sich ganz natürlich, indem sie so handeln. Diese Fähigkeit, mit den Vorgängen der Natur zusammenzuarbeiten, entspricht der Tatsache, dass das Bewusstsein der Engel auf die Lebensseite der Evolution gerichtet ist, daher vollzieht sich das Herabfließen und Ausgießen des Lebens in hohem Maße durch die Engel und befindet sich in ihrer Obhut.

Es gibt einen bemerkenswerten Unterschied zwischen den Einflüssen, die während des Weihnachtsfestes in der nördlichen und der südlichen Hemisphäre ausströmen. Aus verschiedenen Gründen ist die nördliche Hemisphäre das Zentrum des Lebens auf der Erde und enthält die Kanäle dieser Energien, welche die Evolution der Menschheit ebenso wie der Natur formen; die südliche Hemisphäre war dagegen in der Vergangenheit in vielerlei Hinsicht weniger kreativ, weniger lebensspendend in ihren Naturkräften – eine Tatsache, die bis zu einem gewissen Grad für den Unterschied zwischen australischer und europäischer Vegetation verantwortlich ist. Außerdem gibt es Unterschiede bei den Engeln, welche die Evolution der beiden Hemisphären lenken, und wir können verallgemeinernd sagen, dass die beiden Hälften der Erdoberfläche komplementäre Charakteristika besitzen, positive und negative, welche in der Vereinigung ein perfektes Ganzes ergeben. Während in der nördlichen Hemisphäre zu Weihnachten eine richtige Geburt stattfindet, eine Geburt, die der Geburt eines kleinen Kindes auf wunderschöne Art nahekommt und entspricht, geschieht in der südlichen Hemisphäre eher eine Vertiefung des Lebens, eine weitere Herabkunft des Lebens Christi in bereits vorbereitete Formen, die es empfangen. Die Geburt eines Menschenkindes entspricht der ersten Berührung der Seele mit dem kleinen, neugeborenen Körper, und das ist eine Zeit der Freude und Schönheit. Doch es vollzieht sich eine Vertiefung des Lebens, wenn das Kind ungefähr sieben Jahre alt ist und sich die Seele schrittweise mehr und mehr in diese neue Verkörperung hineinbegibt, bis sie im Erwachsenenalter die volle Kontrolle darüber ausübt.

Dies bildet nur eine schwache Analogie zum Unterschied zwischen dem Weihnachtsfest in der nördlichen und in der südlichen Hemisphäre. Im Norden bilden Liebe, Freude und Schönheit die herausragenden Einflüsse, im Süden wird Kraft und Stärke ausgestrahlt. Es handelt sich dabei eher um eine beträchtliche Vertiefung des Lebens Christi in der Natur als um das Mysterium seiner Geburt. Der Unterschied dieser Einflüsse ist auffällig und höchst interessant für den Schüler, der es wahrzunehmen versteht.

Die große Vorbereitungsarbeit der Engel auf Weihnachten beginnt sogar schon vor der Adventszeit und erreicht allmählich ihre höchste Steigerung Ende Dezember. Diese Arbeit weist zwei Aspekte auf, zum einen wird von unten nach oben gearbeitet, es manifestiert sich die kreative Lebenskraft Gottes, des heiligen Geistes, ein Prozess der Belebung der Naturkräfte, einer Erneuerung und Öffnung; zum anderen geschieht ein Ausströmen von oben herab, die wahrhaftige Herabkunft des Gottessohnes, ein eher inspirierender und beseelender Vorgang. Der erste Aspekt betrifft die ungeheuren Energien, die aus dem Mittelpunkt der Erde ausstrahlen, aus dem Herzen der Welt heraus, in welchem sich der heilige Geist besonders manifestiert, eine die ganze Welt durchstrahlende Macht, vom Zentrum bis zum äußeren Rand. Sie wird von den Engel-Hierarchien verteilt, die mit dem Leben und der Evolution der Natur verbunden sind und dient ihnen bei ihrer Vorbereitungsarbeit. Hier finden wir die reinigenden, klärenden, kreativen Kräfte, die ein Herabfließen des neuen Lebens ermöglichen, welches die Welt darauf vorbereitet, Christus in ihrem Herzen zu empfangen. Dabei ist bemerkenswert, dass wir in unseren Kirchen angewiesen werden, genau diese machtvollen, reinigenden Energien während der Adventszeit aufzunehmen. Doch die Vorbereitungsarbeit betrifft nicht nur die besonders für die Bereiche der Erdoberfläche zuständigen Engel, obwohl sie bei dieser Arbeit eine große Rolle spielen; diese Arbeit dehnt sich auch in viele unerwartete und interessante Richtungen aus.

Bestimmte Gruppen von Engeln betrachten es als ihre spezielle Aufgabe, ihre Energien auf den schöpferischen Quell Gottes zu lenken und mittels ihrer Gedankenkraft dessen „Wasser des Lebens" herabzurufen, damit sie von den Naturengeln genutzt werden können. Andere Engel arbeiten eher auf den intuitiven und emotionalen Ebenen, wobei sie enorme Energien durch ihre wundervolle Anbetung freisetzen, Energien, die vorzugsweise in der allgemeinen Vorbereitungsarbeit genutzt werden. Wieder andere unterstützen die Arbeit, indem sie an den Zeremonien teilnehmen, die zu dieser Zeit in der Natur abgehalten werden; und die durch ihre Rituale ausströmende Kraft wird ebenfalls im oben erwähnten kreativen Prozess verwendet. Die kirchlichen Zeremonien, welche während der Adventszeit stattfinden, tragen ebenso wie die Gedanken und Gefühle der Menschheit – wenngleich größtenteils nur unbewusst – zur machtvollen Vorbereitung der Geburt Christi in der Natur bei. Dies beschreibt den ersten Aspekt der Vorbereitung, durch den Gott, der Heilige Geist, sich besonders manifestiert.

Der zweite Aspekt der Vorbereitung der Engel betrifft die Herabkunft des Gottessohnes, dieses großartige Ereignis, welches das charakteristische Merkmal des Weihnachtsfestes bildet. Die Herabkunft Christi in die Verkörperung bildet den eigentlichen Zweck der Eucharistie; und so verfolgt die gesamte Arbeit, einen mystischen Tempel in den inneren Welten zu errichten, ebenso wie das Ausströmen von Macht, Liebe und Hingabe seitens der Engel und Menschen, kein anderes Ziel, als den Durchgang für diese Herabkunft und die Aufnahme und Verteilung der Kräfte zu ermöglichen, die so reichlich von unserem mit Gott vereinten Herrn ausgegossen werden. Somit bildet die Geburt Christi in der Natur den wesentlichen Zweck des Weihnachtsfestes, und dies ist das Zentrum und der Höhepunkt, auf den sich die gesamte lange Vorbereitung ausgerichtet hat. Diese Herabkunft stellt eine äußerst reale und wunderbare Tatsache dar, weil ebenso wie an „Allerheiligen" eine besonders nahe Beziehung zwischen den inneren

Welten und der äußeren Welt besteht und den Austausch zwischen diesen Welten besser ermöglicht als jede andere Jahreszeit. Christus selbst kommt seinen Geschöpfen Weihnachten besonders nahe, sogar noch viel näher, als Er zu anderen Zeiten mit den Engeln und Menschen verbunden ist. Ein größeres Ausmaß an Kraft scheint sich durch seine Person zu verkörpern, als Offenbarung des Höchsten Göttlichen, so als strahle das verborgene Licht noch heller aus Ihm, der das Licht ist. Dies sind heilige und für uns schwer verständliche Dinge. Doch wir können zumindest sagen, dass die Engel und alle Hierarchien der Naturreiche unserem Herrn besonders nahekommen und Ihn dabei in tiefster Anbetung als wundervolle Persönlichkeit zu erkennen vermögen, als die Verkörperung des Göttlichen auf der Erde. Sein Leben fließt auf eine für uns kaum fassbare Weise herab, so dass die ganze Welt von seinem machtvollen Segen erfüllt ist und in die Schwingung seiner Liebe und seines Friedens eingehüllt ist. Daher bezeichnet man Weihnachten auch als Symbol der „ersten großen Einweihung", der Geburt Christi im Menschen; denn die Herabkunft Christi in die Natur wird durch den Abstieg des persönlichen Christus in unsere eigenen Herzen widergespiegelt, er verkörpert das im Menschen verborgene Licht, die zweite Person der Heiligen Dreifaltigkeit. Der gleiche Aspekt göttlichen Lebens ist zu Weihnachten in der Natur verkörpert, im Menschen bei der Einweihung und in der Hostie bei jeder heiligen Eucharistie-Feier. So kann man von Weihnachten sagen, dass die ganze Welt jedes Jahr von neuem eingeweiht wird und sich jedes Jahr zu umfassenderen Bewusstseinsebenen erhebt, die nie zuvor erreicht wurden. Die kraftvolle Macht Gottes, die sich Weihnachten offenbart, entspringt wahrhaftig dem Himmel und den Elfen der Erde. Die ganze Welt verbindet sich im Reichtum der Liebe und der Freude, die in dieser wunderbaren Jahreszeit so reichlich ausgegossen werden.

Betrachtet man diesen zweiten Aspekt genauer, treten die Grundelemente des Weihnachtsfestes deutlich hervor. Während der Adventswochen und besonders vor Weihnachten bringt die gesamte Engelwelt die Fülle ihrer Liebe und Anbetung unserem Herrn Christus dar, dem eingeborenen Herrn der Liebe. Die machtvolle Antwort, die von Ihm herabströmt, fließt gleichermaßen in die Natur ein und verleiht ihr Kraft aus frischer Quelle, aus einem neuen Impuls des göttlichen Lebens. Diese wundervolle Anbetung erreicht in der Weihnachtsnacht ihren Höhepunkt, wenn die ganze Welt in Wellen der Lobpreisung pulsiert und erbebt, welche zum Herrn der Heerscharen zahlloser Engel auf der ganzen Welt emporsteigen. Wellen, die die Erde mit Farbtönen aus zartem Rosa oder Malve einhüllen – und als Antwort strömt die Kraft des Herrn mit dem wunderbaren Segen des Friedens und der Liebe herab. Ist es verwunderlich, dass sich durch all die verborgene Anbetung und Segnung der „Christus-Geist" in der ganzen Welt verbreitet und die Menschen sich einander und Gott zuwenden? Die Engel helfen dem Menschen, soweit ihm irgend geholfen werden kann. Sie intensivieren seine höchsten Bestrebungen, wecken seine Anbetung und seine Liebe und verleihen den ehrwürdigen und wunderschönen Worten ihrer traditionellen Hymne Ausdruck: „Ehre sei Gott in der Höhe und Friede den Menschen auf Erden, die guten Willens sind." Doch das ist noch längst nicht alles, denn die heilige Geburt wird nicht nur in Farben, sondern auch in Klängen gefeiert. Hierbei übernehmen die großen Engel der Musik eine wundervolle Aufgabe beim Weihnachtsfest, um dem großen Entzücken in den inneren Welten feierlich Ausdruck zu verleihen. Ihre himmlische Musik ähnelt jedoch nicht Harfen- und Geigenklängen, sondern eher dem Läuten von Myriaden süß klingender Silberglocken. Jeder Engel gleicht einer Glocke und jede Glocke wiederum einer Note in der vollendeten Harmonie. Das Klingen der Weihnachts-Glocken vermag man während der gesamten Adventszeit zu hören, in der Weihnachtsnacht und dem darauffolgenden Tag jedoch versammeln sich die Engel um den Herrn der himmlischen Heerscharen. Der ganze Engelchor ist zu einem herrlichen Gesang vereint, und die anschwellende Glockenmusik erklingt als einzige Hymne der Anbetung für den Herrn der Liebe. Diese Musik vereinigt alles Lebendige, harmonisiert die ganze Welt und stimmt sie ein, durchflutet sie mit göttlicher Schönheit, die von der Schönheit der Wälder und Berge widergespiegelt wird, von Seen, Bäumen, Blumen und von allen wundervollen Dingen auf Erden.

Ebenso stellt sich das Weihnachtsfest in den inneren Welten dar – eine Zeit wunderbarer Macht und Verwirklichung, sowohl für die Engel als auch für die Menschen, eine Zeit tiefer Verbindung mit unserem Herrn Christus. Wenn wir den Engeln bei ihrer Aufgabe helfen wollen, müssen wir den „Christus-Geist" in uns selbst vollständig verwirklichen, jeden selbstsüchtigen und selbstbezogenen Gedanken beiseite lassen und uns mit Herz und Seele in den Dienst am Nächsten begeben. Der Grundtenor dieser Jahreszeit besteht aus Anbetung und Liebe, Anbetung Christi und Liebe zu unseren Geschwistern, in denen Er verborgen lebt. Es gibt eine hilfreiche Übung für diejenigen, die den „Christus-Geist" tiefer verwirklichen wollen. Sie besteht in der Bemühung, das Bewusstsein mit der Natur zu verbinden, zu versuchen, eine wunderschöne Szene des Lebens genauso wahrzunehmen, wie sie die Engel erleben, und etwas von den verborgenen Kräften zu erspüren, die sie formen und ihr Schönheit verleihen – und diese Kräfte selbst anzuziehen. Dadurch vermögen wir den Sinn der Einheit, Liebe und Freude zu erfahren, die in so besonderem Maße die Weihnachtszeit prägen und uns als Kanäle für die ausströmenden Energien zu öffnen. Vor allem muss eine vollkommene Harmonie zwischen uns und anderen bestehen, um das Weihnachtsfest richtig feiern zu können, denn dies ist eine notwendige Bedingung, damit uns die Weihnachtskräfte zu durchfließen vermögen. Christus regiert im Herzen eines jeden Menschen, und indem wir unseren Geschwistern dienen, dienen wir dem Herrn der Liebe selbst, unmittelbar und persönlich. Wie Er selbst vor langer Zeit sagte: „Was ihr dem Geringsten meiner Brüder tut, das habt ihr mir getan."

Verzeichnis der Elfen

Luftelfen (Sylphen)

Es gibt insbesondere drei Arten. Zunächst seien die Sylphen genannt, die die Wolken bewohnen und aus ihnen Formen bilden. Sie sind sozusagen die Bildhauer des Elfenreiches. Dann kommen die Luftelfen, die mit dem Wind und Sturm in Verbindung gebracht werden. Diese Luftelfen sind gewöhnlich 1,20 - 1.50 Meter groß, weisen eine Gestalt auf und sind schön anzusehen. Zuletzt seien die gewaltigen Luftgeister erwähnt, die in sehr großen Höhen existieren und an große Drachen mit riesigen Köpfen, langgestreckten Körpern und Schwänzen erinnern. Sie dienen gewissermaßen als Energiezentren. Alle drei Arten wurden im 11. Kapitel beschrieben.

Engel oder Devas

Diese mächtigen Engel oder strahlenden Wesenheiten besitzen eine große Intelligenz. Die Engel leiten die Natur aus ihrem Verständnis für den göttlichen Plan. Sie leiten die Naturenergien und ihnen obliegt die Obhut über die rangniederen Elfen, z.B. über diejenigen, die mit Wind und Wolken befasst sind, über die Baumgeister etc.

Erdelfen (Erdgeister, Gnome, Wichtelmänner)

Hier finden wir vier Arten. Erdgeistern begegnet man sowohl auf der Erdoberfläche als auch im Erdinnern; diese beiden Gruppen unterliegen noch einer weiteren Unterteilung. Auf der Erdoberfäche gibt es die Baumgeister und die kleinen Garten- und Waldelfen. Felsenelfen und Gnome gehören zu den unterirdischen Arten. Im 5. Kapitel finden wir Einzelheiten zu diesem Thema.

Elementarwesen

Elementarwesen sind sprichwörtlich ausgedrückt die Elementargeister. Der Evolutionsbeginn dieser Geschöpfe liegt gemäß den Kabbalisten im Reich der Elemente – der Luft, der Erde, dem Wasser und Feuer. Man bezeichnet sie als Gnome (der Erde), Sylphen (der Luft), Salamander (des Feuers) und Undinen (des Wassers). H.P. Blavatsky erklärt im „Theosophical Glossary", dass all die niederen, unsichtbaren Wesen, welche auf der 5., 6. und 7. Welle unserer Erdatmosphäre ihren Ursprung nehmen, als Elementarwesen bezeichnet werden, einschließlich der Elfen, Devas, Dschins, Sylphen, Satyre, Faune, Kobolde, Zwerge, Trolle, Heinzelmännchen, Nixen und Feen, Gnome, Wichtelmännchen und anderer, die man zu dieser Einteilung zählt.

Elfen

Es gibt vier Hauptgruppen – Luft-, Erd-, Feuer- und Wasserelfen, nicht zu vergessen die des Mineralreiches, wie Gnome und Felsenelfen, die unter die Gruppe der Erdgeister fallen. Die Größe der Elfen kann sich auf 30 cm – winzige Schmetterlingselfen – als auch auf 60 cm oder mehr – Sylphen und Baumgeister belaufen.

Feuerelfen (siehe *Salamander)*

Gartenelfen

Eine häufig vorkommende Art der Erdelfe (Erdgeist).

Gnome

Auch Erdelfe (Erdgeist) genannt, die man unter Felsen findet.

Naturgeister

Geschöpfe des Deva-Reiches, die sich um die Natur kümmern, z.B. die Luft und den Wind, die wachsenden Pflanzen, die Charakteristika einer Landschaft, das Wasser und Feuer.

Felsenelfen (Gnome)

Sie werden auch Gnome genannt. Diese Elfen sind sowohl auf der Erdoberfläche als auch im Erdinnern anzutreffen. Die großen Felsenelfen des Grand Canyon wurden im 10. Kapitel und an anderen Stellen dieses Buches beschrieben.

Salamander

Sie sind auch als Feuerelfen bekannt. Im 10. Kapitel finden wir einen ausführlichen Bericht über eine Gruppe, die die unterirdischen Bereiche vulkanischer Gegenden bewohnt und über jene, die mit dem Feuer und Blitzschlag auf der Erdoberfläche befasst ist.

Sylphen

Sie stellen eine Gruppe der Luftelfen dar. Sie sind von großer Gestalt, doch nicht so hochentwickelt wie Devas. Wolkensylphen sind im 12. Kapitel über den Hurrikan erwähnt. Eine weitere Beschreibung finden wir im 11. Kapitel.

Baumgeister

Sie sind größer als Waldelfen und besitzen einen physischen Körper, siehe 7. Kapitel.

Undinen

Dies ist der klassische oder kabbalistische Name für Wassergeister oder Wasserelfen.

Wasserbabies (Wassertröpfchen)

Es handelt sich hierbei um den Spitznamen für die kleinen, glücklichen Geschöpfe, die man in der Nähe der Küsten und Brandungen beobachtet. Man könnte sie auch als Wasserelfen bezeichnen. Sie unterscheiden sich jedoch von denen, die draußen im tiefen Ozean leben, und von jenen, die man in der Nähe von Flüssen, Seen oder Teichen findet.